엠마누엘 레비나스와의 대담
1992-1994

보록: 레비나스 - 철학과 유대교 사상 사이에서

미카엘 드 생 쉐롱

김웅권 옮김

東 文 選

엠마누엘 레비나스와의 대담

1992-1994

Michaël de Saint-Cheron

Entretiens avec Emmanuel Levinas 1992–1994
Levinas entre philosophie et pensée juive

© Librairie Générale Française, 2006

안에게,
입문에서 입문으로

김 가브리엘에게,
언젠가 나의 애정을 느끼며
이 책을 읽게 될 내 어린 친구

감사의 말

이 책을 한국어로 번역하여 대한민국에서 빛을 보게 해준 김웅권 교수에게 깊은 감사를 드린다.

옥화 혹은 세레나라는 한 여인을 통해 한국이 나의 삶 속에 들어온 지 2007년까지 25년이 되었다. 나는 그녀와 결혼하여 25년 동안 동반자의 길을 걸었다.

앞으로도 변함없을 지난날의 나의 모든 한국 친구들과 가족에 대한 나의 사랑, 그들의 언어와 음식에 대한 나의 사랑, 그들의 문화와 역사에 대한——또 그들이 지닌 이타성의 감각에 대한——나의 열정을 전하고자 한다.

차 례

I

서　론

레비나스에 귀기울인 그 20년

20년도 넘게 레비나스의 언어는——그의 많은 독자들에게 그렇듯이——나에게도 본질적이었다. 1983년부터 나는 토요일 아침이면 안식 미사가 끝난 후, 미셸 앙주 가(街)에 있는 파리의 동방이스라엘사범학교(E.N.I.O)에서 그의 강의를 들었다. 그는 뒤늦게 대학 강단에 서기 전까지 오랫동안 이 학교의 교장이었다. 나는 마지막까지, 다시 말해 1993년 여름 직전에 끝난 마지막 강의까지 그의 가르침에 충실하지 않을 수 없었다. 그 가르침은 매주 안식일에 읽는 토라(모세 5경)의 텍스트를 해설한 것인데, 그는 이것을 탈무드 한 대목을 곁들여 풍요롭게 하곤 했다.

레비나스 작품과 함께한 그 잊을 수 없는 시간은 내 생애에서 주요한 두세 번의 지적 만남들 속에 속한다. 그는 나에게 철학, 다시 말해 모든 것의 위에 있는 존재(Être)와도 다르고, 근본적 존재론과도 다른 것에 관심을 기울이는 철학에 대한 철저하게 새로운 접근법을 가져다주었다. 동시에 그는 되찾은 유대교에서, 토라와 히브리어 성경에 대한 입문에서, 그리고 그가 대양으로 규정한 탈무드의 발견에서 내가 첫발을 내딛었던 그 시기에 결단코 '비(非)독단적인' 가르침을 주었다. 내가 받은 그 모든 작은 물방울들에 대해 나는 이 스승에게 무한한 감사를 드린다.

레비나스는 자신의 작품을 통해서 유럽 사상과 철학의 패배라는 심각한 문제에 끊임없이 대답했다. 이 철학과 사상은 나치의 이데올로기와 유럽 유대인들의 말살 때문뿐 아니라 소련 공산주의와 이것이 인류에 대해 저지른 범죄 때문에 소멸했다. 하이데거가 아리스토텔레스로부터 후설까지 이어지는 고전적 의미의 형이상학이 종말을 고했음을 선언한 것은 이 형이상학이 우주의 제1원인들, 인식의 원리들, 신의 존재——혹은 신의 죽음 선언——를 위해 '존재의 망각'을 가져왔다고 보다 확실하게 비난하기 위해서였다.

"칸트에서 하이데거까지 형이상학의 종말이 지닌 진정한 의미는 소여를 넘어서 사유한다는 게 은밀하거나 신성한 원리들 혹은 존재들——형이상학적 사변이 발견해야 하고 소여로서 주어지는 것의 연장 속에 감추어진 것들——의 세계의 현전이나 영원성을 더 이상 빛으로 드러낸다는 것이 아니라는 점을 주장하는 데 있지 않은가? 이로써 초월 그 자체를, 형이상학의 **메타** 자체를 무의미한 것으로 충분히 고발하고 있지 않은가? 이 초월 혹은 메타의 타자성이나 저 너머를 시선을 통해 폭로해야 할 단순한 은폐가 아니라, 영지(gnose)와는 다른 정신적 호기심에 따른 이해 가능한 비(非)무관심이라면![1]

레비나스가 볼 때, 의미의 문제는 타자의 문제에, 다시 말해 우리 이웃에 대한 그 '비무관심(non-in-différence)'의 문제에 종속된다. 그리하여 형이상학은 자연학을 넘어서 있는 것임을

---

1) Levinans, *Transcendance et intelligibilité*, Labor et Fides, 1984, p.18-19.

멈추고, 어떤 고유한 자기(Soi)나 나(Je), 환원하면 타인이 존재하는 한, 존재 다음에 있는 것이 된다. **현존재(Dasein)의 우위**, 다시 말해 존재의 자기 **보존 노력(conatus essendi)** 속에 있는 세계-내-존재의 우위가 더 이상 중요한 게 아니라, **타자의 배려(Für-sorge)**, 타자를-위함을 선언하는 존재, 곧 타자를-위한-존재의 우위가 중요하다.

본서에는 레비나스라는 철학자가 1992년부터 나에게 응해 준 그 대담들을 연장하는 세 개의 에세이가 추가되어 있고, 마지막에는 탈무드에 나오는 용서를 그가 쓴 글들의 관점에서 검토한 연구가 자리잡고 있다. 이 대담들을 통해 명료하게 드러나는 것은 요구가 까다로우면서도 동시에 관용적인 분류 불가능한 이 사상가가 걸어온 여러 여정들이다. 우리가 거의 4반세기 동안 그를 따라갈 때 우리는 죄의식을 느끼지 않을 수 없었다.

어떻게 레비나스는 '제1철학'으로서의 윤리학으로부터 성스러움으로 넘어갔던가? 우리를 두렵게 만드는 성스러움에 대한 낱말에 대해선 다시 다룰 것이다. 그 성스러움은 그 자체의 초월이라는 점에서 종교적 믿음, '계시된' 초월에 대한 모든 관념을 벗어나 있다. 다른 한편으로 어떻게 그는 '관념으로 생각나는 신'으로부터 이웃의 얼굴을 거쳐 비(非)종교적인 초월을 규정하기에 이르렀는가? 이것들이 한편으론 이 철학자와 나의 대담을 통해서, 다른 한편으론 사르트르 및 말로의 작품들과 나누는 상상의 혹은 실제적인 대화들을 통해서 이 저서와 용서의 문제들에 관한 그 긴 텍스트가 대답하고자 시도하는 문제들이다. 용서의 문제들은 미드라시적[2]이고 탈무드적인 전통의 텍스트들에 충실한 유대인 의식에서 나타난다.

현대의 철학자들 가운데 엠마누엘 레비나스의 작품은 실존주의 · 해체론 · 마르크시즘 · 구조주의 · 인류학 · 정치 이론과 같은 모든 커다란 사조들의 변방에 머물렀다. 아도르노와 하버마스뿐 아니라 한나 아렌트와 관련해서도 마찬가지이다. 이들은 대개의 경우 레비나스를 몰랐다. 롤스와 같은 미국 철학자들은 말할 것도 없고 푸코에서 들뢰즈까지 프랑스 철학자들도 마찬가지이다. 아마 메를로 퐁티 · 리쾨르 · 데리다——데리다는 1996년 12월 어느 얼음장 같은 아침에 팡탱 묘지에 있는 그의 무덤 앞에서 레비나스에게 감동적인 '고별사'를 읽었다——그리고 말년의 사르트, 뿐만 아니라 리오타르와 작금의 세대에서 핑키엘크로트와 장 뤽 마리옹이 현대 철학에서 중심적이지만 비유형적인 이 철학자에 관심을 기울인 것 같다.

폴 리쾨르는 나와 나눈 한 대화에서 레비나스와의 인접성과 불일치를 설명했다. 《타자로서 자기 자신》에서 그는 새로운 윤리를 구상해 내고 있으며 두 개의 노선을 교차시키고 있다. 그것은

"후설의 노선과 레비나스의 노선이다. 여기에는 문제가 상호성의 문제라는 확신이 수반되고 있다. 내가 보기에 둘 가운데 어느 누구도 이 상호성의 문제를 완벽하게는 받아들인 것 같지 않다. 게다가 당신도 주목할 수 있었듯이, 그 책을 통해서 내가 시도하는 것은 헤겔, 특히 예나 시절의 헤겔 철학에서 발견되는 하나의 개념에 활력을 다시 불어넣는 것이다. 이 개념은 인정과 상

---

2) 미드라시는 유대교에서 성서의 구절들을 개인적 상황과 경우에 따라 해석하려는 성서 주석 방법이다. (역주)

호 인정의 관념이다. 요컨대 나에게 중요했던 것은 인정에서 상호성이다. 아마 두 개의 비대칭적 불균형에서 출발해야 했을 것이다. 하나는 인식의 방향에서 나-너라는 불균형이고, 다른 하나는 윤리적 차원에서 너-나라는 불균형이다. 이러한 출발은 이와 같은 교차적 불균형을 통해 이를테면 상호성과 호혜성을 이해하고, 나아가 상호성의 개념을 진부함에서 건져내 어떤 의미에서 보다 극적이고 보다 문제적으로 만들기 위한 것이었다. 또 그것은 인칭대명사들의 교환 속에 이미 존재하는 역설에 별로 주의를 기울이지 않는 일상적 경험에서 틀에 박힌 모습으로 이 개념을 취하지 않고 힘들여 그것을 정복하기 위한 것이었다."[3]

리쾨르가 볼 때, 일방통행으로 버틸 수 있는 윤리는 없으며, 나를 아무런 상호성도 없이 타자의 탄압 대상으로만 생각하는 것은 타자에 대해 너무도 배려를 하지 않는 것이다. 나와 타자와의 관계가 성립될 때부터 존재하는 것은《시간과 이야기》의 철학이 설파하는 그 이중적인 불균형이다. 그러나 그 무엇으로도 환원할 수 없는 진실이 분명히 존재한다. 그것은 레비나스의 철학이, 리쾨르가 나에게 또한 말했듯이 "과도함과 과장의 철학"이라는 사실이다.

레비나스는 이 과도함을 사랑이라 명명했고, 과장을 성스러움이라 명명했다. 그는 '타인을 위해 죽을' 정도까지 갈 수 있었던 사랑에 사로잡혀 있었고, 그런 사랑이 그 안에 자리잡고 있었다. 그는 '타인을 위해 죽는 행위'[4]가 타인을 죽는 행위에

---

3) Entretien avec Paul Ricœur, *Bulletin du Centre protestant d'études* n°
7, nov. 1991, Genève.

서 구해 주는 능력이라는 것을 하이데거가 부인했다고 비난했다. 레비나스의 일부 유대인 독자들은 레비나스가 희생에까지 이르는 책임에 대한 철학적·신학적 구상을 통해——하지만 그는 신학을 한 게 아니었다!——유대교의 전통적인 가르침을 심각하게 기독교화했다고 판단했다. 나는 우리의 우정이 최초로 시작되던 시기의 어느 날, '…을 위해 죽는다'는 뜻으로 이해될 수 있는 이 모태적 긍휼, 히브리어로 **Ra'hamim**에 대한 유대교 성서의 원천을 묻기 위해 그에게 편지를 썼다. 그는 다음과 같은 아름다운 글로 답변을 주었다.

"물론 사랑이 죽음보다 강하다는 사실——그리고 다른 사람을 위해 죽도록 만드는 사랑보다 더 강한 사랑은 없다는 사실을 나는 다른 사람들의 생명을 위해 자신을 희생할 준비가 된 에스델 왕후(〈에스델〉 4,16)의 행동을 통해 배울 수 있습니다(사랑만이 죽음보다 더 강한 게 아니라 죽음만큼 강하다고 말하는 〈아가〉(8,6)의 그 진실을 끌어내는 데 내가 만족할 수 없다면 말입니다!)——그러나 그렇다고 나는 두 가지 위대한 정신성을 분리시키는 그 차이들을 아직 극복하지도 못했고 어느 것이 우선하거나 부차적인지 결정하지도 못했습니다."[5]

내가 마지막으로 상기시키고자 하는 점은 레비나스가 기독교와의 대화에서 끝까지 세심한 주의를 기울였다는 것이다. 유대인들과의 여러 대화적 측면들을 통해 그들을 유혹하려 하고

---

4) *Entre nous, Essais sur le penser-à-l'autre*, Le Livre de Poche, coll. "Biblio essais," 1993.

5) Lettre inédite à l'auteur du 6 septembre 1983.

그들에게 은폐된 철학적 기독교의 옷을 입히려 애쓰는 그 담론들을 그는 받아들이지 않았다——그렇지만 그는 그 반대로 유대인과 기독교도 사이의 가식 없는 대화를 열렬히 추종한 인물이었다.

1983년 같은 해 내가 보낸 올리비에 클레망[6]의 글 두 편을 받아본 후, 그가 나에게 쓴 다음과 같은 편지는 그의 입장을 힘 있게 반영하고 있다.

"그럼에도 여전한 것은 주술적이 아니라 기적적이고 아프지 않은 기독교화된 재-균형이 위기에 처한 정신에 요구된다는 것입니다. 위기는 정신의 항구적인 놀라움입니다. 정신은 그것의 추락 자체 속에서 추구되고 포착되는 노력을 통해서만 진실합니다. 이것이 바로 정신의 긍정성 자체입니다. 정신은 설교적인 순수한 웅변이 아닐 때 끊임없이 되찾는 냉정입니다. 그리고 이와 같은 정신의 훈련 속에서 그것이 회복되도록 시간을 주어야 합니다. 기독교 자체가 이에 대해 오랜 세월 동안 의견이 일치하고 있으며 아직도 그렇습니다. 그러나 올리비에 클레망이 말하는 것은 많은 점에서 나를 매우 감동시켰는데, 나는 그가 나에게 보여준 공감만을 생각하는 게 아닙니다."[7]

이런 편지들은 레비나스가 지속적으로 위치한 높이를 증언해 준다. 그는 사유와 대화의 인간으로서 철학적 영역을 예언자들의 말씀에 과감하게 개방시켰다. 성 어거스틴과 토마스 아

---

6) 올리비에 클레망(Olivier Clément)은 파리정교신학교의 교수이며 정교신학자들 가운데 가장 권위 있는 인물의 하나이다. [역주]

7) Lettre inédite à l'auteur du 22 juillet 1983.

퀴나스가 이성과 신앙에 관한 토론에서 플라톤과 특히 아리스토텔레스의 말에다 기독교의 말을 도입했듯이 말이다. 그들은 이 두 철학자를 이들의 의지와는 상관없이 스콜라철학을 예고하는 두 거인으로 만들었다. 레비나스의 사상을 격렬하게 비판하는 자들이 궁극적으로 비난하는 것은 레비나스가 아직 성인품에 올라 있지 않으며, 더 고약한 것은 이스라엘의 예언자들에게 어떤 시민권 같은 것을 부여하는 오만함을 드러냈다는 것이다. 이들 예언자들은 서양철학의 아버지들보다 여러 세기 이전의 사람들로 3천 년 전부터 정의와 초월의 말씀을 들려주고 있으며, 이 말씀은 철학적 사변――이것이 설령 그리스의 철학적 사변이라 할지라도――과 다투고 있다.

엠마누엘 레비나스 탄생 100주년이 되는 금년 2006년에 나는 드골 장군이 1958년에 《제신의 변모》[8]를 읽은 뒤 앙드레 말로에게 쓴 글――게다가 이 철학자는 드골을 찬양했다――을 결론으로 삼을 수 있을 뿐이다.

"당신 덕분에 얼마나 많은 것을 보았는지――아니면 보았다고 생각하는지――모릅니다. 그렇지 않았다면 나는 그런 것들을 식별하지도 못한 채 죽어야 할 것입니다. 그런데 바로 그것들은 모든 것들 가운데 가장 그럴 만한 가치가 있는 것들입니다."[9]

한 사람의 철학자 이상으로 레비나스는 하나의 의식이었다. 서양의 정신적이면서도 철학적인 가치들과 전통들이 매우 강하

---

8) 《제신의 변모 *La Métamorphose des dieux*》는 말로의 예술평론서이다. [역주]

9) *Cahier de l'Herne André Malraux*, 1982에서 재인용.

게 밴 그의 담론은 존재와 무, 시간과 죽음의 개념들을 넘어서 인간적 삶의 정당화라는 문제를 그 안에 담지하고 있다. 그것은 우리가 불가지론의 입장에서라 할지라도, 혹은 무신론의 입장에서라 할지라도 '관념으로 생각나는 그 신'을 인정하는 방법을 가르쳤다 할 것이다. 그는 리투아니아 출신의 경건한 유대인으로 아주 어렸을 적부터 도스토예프스키와 톨스토이의 소설들에서 정신적 자양을 얻었다. 그는 모든 진정한 정신성에서 부차적인 것의 본질을 인정하는 방법을 다시 가르쳤다 할 것이다. 어느 안식일에 동방이스라엘사범학교의 유대교 예배당에서 그는 토라의 두루마리가 들어 있는 언약궤 앞에서 두려워하지 않고 이렇게 선언했다. 하늘은 비어 있지만 한 존재가 다른 존재에 대해 드러내는 자비는 신으로 충만하다. 신은 하늘에 있는 게 아니라 다른 사람들에 대해 드러내는 희생과 책임이라고 그는 덧붙였다.

아우슈비츠 이후의 유대인으로서, 6백만 명의 형제자매가 죽은 가운데 살아남았다는 것에 따른 그 양도할 수 없는 책임을 의식하는 그가 인간과 신의 관계, 그리고 무엇보다 희생자들과 신의 관계에 대해 제기하는 끊임없는 형이상학적 문제 제기는 하나의 패러다임적 차원을 획득했다. "신의 계시는 다른 사람에 대한 사랑이다"라는 사실을 "신의 존재에 대한 새로운 증거"[10]로 간주하려는 그 어떤 누구도 경계하면서 그는 아우슈비츠 이후로 더 이상 설교가 가능하지 않다고 생각했다.

---

10) *De Dieu qui vient à l'idée*, Vrin, coll. "Bibliothèque des textes philosophiques," 1992, p.252.

그의 윤리는 근본적으로 시간성의 윤리였다. 이로부터 그와 베르그손의 인접성이 비롯된다. 그는 "죽음으로부터 시간이 아니라 시간으로부터 죽음을 생각해야"[11] 한다는 그 중요한 사상을 우리로 하여금 이해하게 해주었다 할 것이다.

따라서 미래를 실어오고, 생명을 실어오며, 특히 철학에서 과소평가되었다고는 말할 수 없다 해도 매우 희귀한 차원인 사랑을 실어오는 그 철학적 언어에 귀를 기울여 보자. 그러나 이 사랑은 파스칼에게 값진 "(현세의 쾌락에 대한) 욕망이 없는 사랑"이고, 초월적인 일체감을 부르는 영혼의 사랑이다. 그의 말은——타자에 대한 모든 증오를 넘어서고 인류의 광적인 모든 환상들과 위기들을 넘어선——보편적이고 특히 유토피아적인 음성이다. 그 언어에게 "유일한 절대적 가치는 자신보다 타자에게 우선권을 줄 수 있다는 인간적 가능성이다"라고 레비나스는 《우리 사이 *Entre nous*》에서 쓰고 있다. 그는 이 책을 《나를 찾아… *Après moi*…》로 제목을 붙이고 싶었다.

그 이후에/그를 쫓아서 열리고 있는 금세기에, 인간 존재가 성스러움을 선택할 수 있다는 그 환원 불가능한 가능성을 믿고자 했던 그의 광적인 유토피아는 '존재의 야만'[12]을 드러낸 시대인 비인간적인 것의 이 시대에 "무한히 인간을 넘어설 수 있다"는 인간의 역량에 대한 과도한 희망을 증언하고 있다.

---

11) *Dieu, la Mort et le Temps*, Le Livre de Poche, coll. "Biblio essais," 1995, p.66.

12) *Entre nous, op. cit.*, p.194.

II

엠마누엘 레비나스와의 대담[1]
1992-1994

성스러움의 철학을 위하여

---

1) 이 대담들은 나의 저서 *De la mémoire à la responsabilité*(Dervy, Paris, 2000)에 동일한 형태로 실렸다.

선생님은 우리가 체험하고 있는 지구적 차원의 대혼란 한가운데서 철학의 책임을 어떻게 규정하시겠습니까?

어려운 질문이군요. 왜냐하면 그것은 모든 인간이 동일한 책임을 지고 있지는 않다는 것을 의미한다고 보기 때문입니다. 철학자라고 해서 진실을 말하는 것이 면제되어 있다고 생각하는 것은 전혀 아닙니다. 하지만 발언이 매우 아름답다 할지라도, 진실이 가져올 수 있는 모든 해악에 대해 때로는 생각해야 한다고 봐요.

선생님은 윤리학이 철학의 분과가 아니라 제1철학이라고 쓴 바 있습니다. 이 말을 인용할 때 어떤 철학자들은 그것에 이런 사실을 대립시키고 있습니다. 자기 자신에 대한 그 '사-심-없음과 타자에 대한 그 관심은 자기 자신에 대한 사심, 말하자면 승화된 이기주의에 지나지 않다는 것입니다. 선생님은 이런 비판에 어떻게 답변하시겠습니까?

그건 성스러움의 역사에 들어갑니다. 성스러움은 내가 환기시키는 그 책임을 말합니다. 우리가 끝까지 가지 않고, 국가들을 건설하며, 또 그런 희생을 제한하는 윤리를 지니는 이유들은 아마도 우리가 인간의 도덕적 조건에 충실하지 않다는 사실로부터 비롯될 것입니다. 우리가 합의에 이르지 못하기 때문이 아니라, 희생이 언제나 불완전하다는 것입니다. 성스러움의 개념에는 어쩌면 정치적인 것의 개념을 위한 자리가 있을 것입니다. 정치적인 것은 인류가 존재한다는 사실로부터 비롯되고, 그리고 성스러움의 실현은 내면 속에서가 아니라 다양성 속에서 실현될 수 있다는 사실로부터 비롯됩니다.

따라서 타자에 대한 그 '사–심–없음'은 사실 제삼자를 불리하게 만드는 것일 수도 있습니다. 그러니까 순수한 성스러움은 두 사람이 있는 인류에게서만 가능합니다. 세 사람이 되자마자, 국가가 있습니다. 왜냐하면 국가는 도덕의 단순한 부정이 아니기 때문이죠. 예컨대 유럽의 법에는 공적인 도덕성에 대한 배려가 있습니다. 타인에 대한 자비와 존중은 정의의 문제를 배제하는 게 아닙니다.

성스러움을 선생님은 어떻게 규정하시겠습니까?

그러니까 선과 악이 동시에 존재합니다. 설명해 보죠. 성스러움을 받아들이는 것은 무언가 긍정적인 것을 수행하는 것이 분명합니다만, 다른 한편으로 이 긍정적인 측면은 결국은 **아무것도 아닙니다**. 그것이 이득이 되는 게 아무것도 없다는 의미에서 말입니다.

그것은 어떤 상실일까요?

그렇습니다. 그러나 그것은 매우 위험합니다. 왜냐하면 당신이 상실을 말하자마자, 그게 의미하는 것은 공허하다는 것이 되니까요. 그런데 나에게 그것은 아직은 선이면서도 이미 절망이고, 이미 **아무것**도 아니다는 유일한 조건입니다. 그것을 말하는 건 어렵습니다. 궁극적인 성스러움은 저항 없이 정의나 죽음을 받아들이고, 그 무(néant)를 받아들이는 것이지만, 선함과 가치의 그 반영물을 지니는 것입니다. 성스러움은 도덕적인 것들의 범주 안에 있지 않습니다. 왜 우리는 예배를 드릴 때, 세 번 **성스럽다**(kadosh)[2]는 말을 합니까? 첫번째 **성**(聖)이 아무것도 아니라면 두번째 성이 있고, 이것이 아무것도 아니라면 세번째가 있기 때문이죠. 이것은 마치 세 개의 성스러움이 있는 것과 같다는 게 전혀 아닙니다. 단 하나의 성스러움만 있지만, 그것이 거부됨에 따라 그것의 증대를 강조해야 하는 것이죠.

투비에 사건 때[3] 많은 성직자들이 그를 숨겨 주었다는 사실 자체로 직접적으로 연루되었는데, 선생님은 프랑스 교회의 행태에 대해 어떻게 생각하셨는지요?

내가 알고 있고 내가 말할 수 있는 것이라곤 데쿠르트레 추

---

2) 예컨대 성부(聖父)와 성자(聖子)와 성신(聖神)에서 성이 세 번 들어감을 말한다. [역주]

3) **Paul Touvier**(1915-1996): 제2차 세계대전 당시 리옹의 친독 의용대장으로 유대인들과 항독 운동자들을 처형하여 전후 수배되었다가 1947년 체포되었으나 감옥에서 탈출하였다. 그는 보수적 가톨릭계의 도움을 받아 43년 동안 유랑하면서 숨어 지냈다. 그 사이에 가톨릭계의 구명 운동으로 1971년 조르주 퐁피두 대통령의 사면을 받았다. 이로 인해 다른 친독 협력자들의 탄원과 항독 운동자들의 거센 반발로 프랑스가 온통 한바탕의 폭풍에 휩싸였다. 투비에는 다시 사라져 가톨릭계의 비호 아래 도망다니다가 1989년 니스에 있는 성 프랑수아 소수도원에서 체포되었다. 종신형을 선고받아 감옥에서 1996년 사망하였다. [역주]

기경4)처럼 신의 아들인 추기경들이 있었다는 사실입니다. 이것은 그분에 대한 나의 탄복을 확인시켜 주었습니다.

하지만 반인류적 범죄의 당사자들을 보호하려고 애썼던 일부 가톨릭 공범자들을 잊을 수는 없습니다.

그렇다고 해서 나의 유대교가 흔들리지는 않습니다. 어쨌든 나는 가톨릭교회를 찬양합니다. 이 말은 내가 데쿠르트레를 찬양한다는 의미입니다.

이 세기말의 커다란 문제들 몇 가지에 대해 선생님과 함께 접근해 보고 싶습니다. 저명한 과학자들은 자신들이 없다면 책임 있는 정치인들은 인류를 위협하는 위험들을 물리치는 데 아무것도 할 수 없을 것이라는 주장을 이해시키고자 합니다. 이에 대해 선생님은 어떻게 생각하시는지요?

정말 그렇습니다. 내가 보기에 가장 위험한 것은 다른 사람들의 수중으로 넘어가는 원자폭탄이라기보다는 이주해 오는 과학자들이고 이른바 두뇌 유출입니다. 이라크나 리비아 같은 나라들은 폭탄을 제조하기 위해 이들 학자들을 이용합니다. 머지 않아 이들 나라들은 권총처럼 원자폭탄을 갖게 될 것입니다.

---

4) 알베르 데쿠르트레(Albert Decourtray)는 1982년 투비에가 결석 재판을 받자 이에 항의하는 성명을 내고 "옛 친독 의용대장에 대한 소송은 정의에 봉사하면서도 화해에도 봉사할 수 있을 것이다"라고 말하면서 "나는 원한을 거부하지만, 그렇다고 망각을 받아들이지는 않는다. 망각은 원한을 부추긴다"라고 명시했다. (역주)

1990년대의 이 초엽에 커다란 충격은 공산주의의 붕괴입니다. 선생님은 1905년에 리투아니아에서 출생하셨고 1917년의 러시아혁명을 두 눈으로 목격하셨습니다. 이 붕괴의 역사적 사건에 대해 어떤 분석을 하시는지요?

비극은 공산주의의 종말이 더 이상 방향이 없는 어떤 시간의 유혹이라는 점입니다. 우리는 메시아를 기다리든, 그리스도의 재림을 기다리든, 정의로운 사회를 향해서 전진하든, 정의로운 사회가 역사의 종말을 향해 방향을 잡든, 시간이 어디론가 가고 있다고 간주하는 데 오래 전부터 익숙해져 있습니다. 마르크스 이후부터 소비에트 러시아가 모든 사람들에게 그런 측면을 나타낸 건 아닙니다만, 우선 인류의 일부분 전체에게 공산주의의 붕괴는 역사의 종말처럼 느껴질 수 있습니다. 따라서 러시아에서 벌어진 일을 가볍게 보아서는 안 됩니다. 우리는 아무 곳으로도 가지 않는 시간 속에 갑자기 진입했습니다. 이것은 좋은 것이든지, 나쁜 것이든지 합니다. 왜냐하면 더 이상 아무것도 의미가 없기 때문입니다.

나는 이것을 이렇게 한 문장으로 요약하겠습니다: 몇 시입니까?

우리는 역사의 종말이나 역사의 종말 이전에 있는가요? 이 질문은 아마 공산주의가 역사의 종말이라고 믿지 않았던 사람들과, 그 반대로 그것이 인류의 자기 희생이었다고 말했던 사람들에게는 가치가 있을 것입니다. 우리는 18세기 이래로 합리적인 시대에, 진보를 향해 전진했던 시대에 살고 있었고, 진보는 헤겔과 마르크스의 정의로운 사회가 되었습니다. 그런데 이제 오늘날 우리는 시간이 아무 곳으로도 흘러가지 않는 느낌을 받고 있습니다. 이것을 달리 말하면, 우리가 보다 나은 것을 향해 가는지 확실하지가 않습니다. 그러나 이런 관념을 진전시키기가 매우 어렵습니다. 왜냐하면 그렇게 되면 당신은 곧바로 볼셰비키로 간주되기 때문입니다. 나는 내가 공산주의자라고 말하는 게 전혀 아닙니다. 그 반대입니다. 그러나 마르셰[5]가 브레즈네프가 굽어보는 가운데 이야기했을 때 사람들은 그가 말하는 것에 주의를 기울였는데, 소련 제국이 붕괴된 후 그가 이야기하기 시작하자 갑자기 그는 아무런 느낌도 주지 못했습니다.

나는 인류가 몇 시입니까?라고 묻고 있다고 말합니다. 마치 모든 시계들이 분해되어 버린 것처럼 말입니다. 오늘날도 여전히 모든 예측은 해체되어 버렸습니다.

아우슈비츠, 히로시마, 스탈린의 모험: 선생님은 끔찍한 20세기에 터진 이 세 가지 중심적 사건의 증인이었습니다. 이것이 선생님의 사상에 어떤 교훈을 주었는지요?

이제 그 어느 누구도 세속화된 메시아니즘적 관념들을 가지고 나타날 수 없습니다. 왜냐하면 사람들은 이 사건들이 역사의 종말을 울렸다고 생각했기 때문이죠.

선생님은 공산주의의 종말과 소련 제국의 해체가 시오니즘에 새로운 자극을 줄 수 있으리라 생각하십니까?

---

5) Georges *Marchais*(1920~1997): 프랑스의 공산주의 정치가로 1970년에서 1994년까지 프랑스 공산당 서기장을 지냈다. [역주]

사실 시온주의의 문제는 소련의 붕괴로 인해, 특히 어딘가에 르 펜[6] 같은 사람의 가능성 때문에 현재 훨씬 더 의미를 띠고 있습니다. 시온주의자들은 소련의 영광스러운 시대에는 그곳에서 마음이 좁은 사람들로 간주되었습니다. 현재 우리는 세계의 질서를 바꾸고 있는 중입니다. 그런데 그들은 아직도 시나이 산을 원하고 있습니다!

저는 폴 리쾨르와 대화를 나눈 적이 있는데, 그때 그는 선생님의 철학과 자신의 철학 사이에 존재하는 약간의 차이와 동시에 선생님에 대해 진 빚을 환기시켰습니다.

당신도 아시다시피, 나는 폴 리쾨르에 대해 매우 탄복하고 있습니다. 모든 현대 철학에서 그는 정말로 성실하면서도 과감한 정신의 소유자입니다. 그러나 타자와의 좋은 관계에 대해 우리 사이엔 약간의 불일치가 있습니다. 나는 사람들이 좋게 공유하는 관계를 넘어서——좋은 관계를 공유한다면 이미 절대적으로 행복한 것이죠——상호 인간적인 관계의 궁극적 가능성을 위한 심층적 토대를 찾고자 노력했습니다. 사심 없는 절대적 관계 말입니다. 나는 타자에 대한 나의 의무, 나의 각성, 타자에 대한 나의 애정이 보상받는 애정이나 관용이 아닌 그런 관계를 추구하고 있습니다. 따라서 나는 타자와의 관계에는 총체적인 감사, 절대적인 사심없음이 있다는 것을 항상 생각했습니다. 그래서 나는 이 관계에서 나타나는 그 선의 상호

---

6) Jean-Marie Le Pen(1928-): 프랑스 극우파 정당인 국민전선의 당의장이다. [역주]

성 자체에 이의를 제기하게 됩니다. 폴 리쾨르는 많은 점에서 나를 지켜보고 있지만, 이러한 상호성의 제거가 어떤 결여이고, 이와 같은 내 견해에는 자기 자신에 대한 일종의 부당함이 있다고 평가하고 있지요. 나는 그가 내세우는 근거들을 매우 잘 이해하고 있습니다만, 분명 나는 타자와의 순수한 관계와 타자에 대한 관용의 토대가 되는 것이 우리가 성스러움의 관계라 부를 수 있는 관계라고 생각했습니다. 마치 성스러움이 타자와의 관계 행위, 다시 말해 이른바 이웃에 대한 사랑이나 존경이 지닌 최고의 존엄성인 것처럼 말입니다.

폴 리쾨르의 비판은 이런 것입니다. 왜 자기 자신을 박탈하느냐? 왜 그 관계에는 어떤 궁극적인 만족이 없으며, 무조건적 지출과는 다른 어떤 것이 존재하지 않느냐?

나는 성스러움의 개념이 여타의 것들과는 다른 관계이고, 여타의 것들과는 다른 존엄성이라 생각합니다. 왜냐하면 성스러움은 모든 이해관계를 배제하기 때문입니다. 그러나 그것은 어쨌든 그런 종류에서 유일한 무상(無償)입니다. 그것은 하나의 가치인 것이죠. 우리가 성스러움을 끝까지 분석한다면, 사실 아무것도 없지만, 바로 이 아무것도 없음을 지탱할 수 있고 그것을 지탱하고자 원하는 그 능력이 이미 긍정적인 특질입니다. 사심없음 속에서 성스러움을 발휘할 수 있고 성스러움이 가져다주는 모든 긍정적인 것에도 불구하고 자신을 한결같이 유지하는 인간은 그 나름대로 유일합니다.

폴 리쾨르를 곤란하게 만들고 모든 사람에게 이해하기 어려운 것은 선생님이 이렇게까지 말씀할 때입니다. "나는 타자의 볼모이다." 볼모는 끔찍한 말입니다.

그렇습니다. 사실 이 표현은 볼모들이 있으며 이러한 볼모의 조건이 수용될 수 있다는 것을 의미합니다. 무슨 말이냐면 타자에 대한 나의 책임이 볼모의 조건이 포함하는 불의를 견디는 데까지 이른다는 것입니다. 이러한 조건은 타자에게 무언가를 가져다주지만, 이것이 바로 성스러움을 다시 한번 입증하는 수용인 것입니다. 리쾨르의 그 비판은 어떤 전체를 나타냅니다. 분명한 점은 볼모의 조건을 자원봉사자처럼 수용하는 것이 성스러움의 행위라는 것입니다. 설령 그것을 달리 부른다 할지라도 말입니다. 성스러움이 신과의 접근이라는 것은 명백합니다. 그것은 신의 이른바 영광스러운 비전보다 훨씬 더 큰 것입니다. 물론 볼모의 개념은 정의로운 사람들에게 행복을 약속하는 특이한 방식입니다.

그런데 선생님은 그 낱말을 유대교의 탈무드적이고 미드라시적인 사상과 관련해 어떻게 위치시키는지요?

'볼모'라는 낱말을 나는 나치의 박해 때부터 알고 있습니다. 당신이 볼모가 되어 다른 누군가를 위해 벌을 받았습니다. 나에게 이 용어는 영광된 것일 수 있는 의미를 문맥에 따라 띠는 것이 아니라면 다른 의미가 없습니다. 볼모의 그 비참함에는 어떤 영광이 있습니다. 왜냐하면 볼모가 된 자는 자기가 다른 사람을 위해 죽임을 당할 수 있는 위험을 겪고 있기 때문입니다. 그러나 내가 '볼모의 무조건(incondition)'이라 부르는 그 볼모의 조건에는 극적인 운명을 넘어선 어떤 최고의 존엄성이 있지 않은가?

그것은 추구되어야 할 존엄성입니까?

내가 나의 고찰에서 항상 강조하는 것은 이와 같은 볼모의 조건이 동정·연민·유대가 세상에서 가능하도록 해주는 그 무엇이라는 사실입니다. 우리가 진실을 말할 때면 볼모가 될 위험이 항상 존재합니다. 그것은 또한 내가 인간의 성스러움을 표현하기 위해 사용하는 낱말입니다. '성스러움'이란 낱말은 '볼모'라는 낱말보다 기분 좋게 들리지요.

어쨌든 선생님은 '볼모'라는 그 낱말에 특히 기독교적인 함축 의미를 담아내고 있지 않으신지요?

히브리어로 성스러움을 의미하는 kedousha와 마찬가지로 그렇지 않습니다. 나는 볼모를 히브리어로 어떻게 지칭할 수 있는지 모릅니다. 그러나 되풀이해 말하건대, 그것은 독일인들이 유럽을 점령한 이후로 내가 알게 된 낱말입니다.

그것은 토라(Torah)에 없는 낱말입니다.[7]

어쨌거나 신의 이름을 위해 죽는다는 것은 유대교 성서에는 자주 나타나는 개념입니다. 그리고 에스델 왕후는 백성을 구하기 위해 그 볼모의 조건을 수용하는 위험을 겪지 않았던가요? 왜냐하면 왕이 왕홀을 내밀지 않았는데 왕에게 접근했던 자는

---

7) 토라(Torah)라는 낱말을 가장 통상적으로 옮겨 적는 표기 사례를 따르기 위해 우리는 레비나스가 사용했던 표기(Thora)를 수정했다.

목숨을 위태롭게 했기 때문입니다.

어떤 유대인 사상가들은 선생님이 성스러움에 유대교적이 아니라 기독교적인 차원을 부여하고 있다고 말합니다. 어떻게 답변하시겠습니까?

당신도 잘 알다시피, 히브리어에서 **거룩함**(kadosh)은 거룩하고 성스러운 신에게 적용됩니다. 그러나 그것은 또한 인간들, 곧 **성인들**(kedoshim)에게도 적용됩니다. 이것은 탈무드 시대로 거슬러 올라가는 오래된 전통입니다. 유대교에는 자비가 존재하지 않고 정의만이 존재한다고 상정되지 않는 한 말입니다. 예배 때 사용되는 표현, **h'essed shel émet**, 곧 진리에 대한 사랑은 바로 자비입니다. 성스러움의 모든 독특함은 많은 다른 특질들을 넘어서, 더없이 커다란 비참이라는 독특함입니다. 그것은 타자로부터 올 수 있는 비침 속에서 타자의 행복을 바라는 힘입니다.

조지 슈타이너는 이렇게 쓰고 있습니다. "아우슈비츠를 포함해 유대인의 운명은 저 로마서를 중심으로 돌고 있다. 로마서에서 바울은 유대인이 메시아를 거부하면서 인간을 역사의 볼모로 삼고 있다고 말하고 있다." 이런 주장을 엄청나다고 생각하지 않습니까?

그 경우 예수를 인정하는 것의 거부는 메시아를 위해 죽을 수 있다는 자세로 이해될 수 있습니다. 그러나 메시아는 그런 게 필요하지 않습니다. 물론 유대교에서 우리는 무언가를 **위해**

죽을 수 있는 자세를 여러 번 만나게 됩니다. 백성을 구하기 위해 목숨을 건 에스델의 경우에서 방금 보았듯이 말입니다.

하지만 메시아를 위해서는 아니지 않나요?

그 반대입니다. 메시아를 위해 죽을 수 있는 우리의 자세를 빛나게 할 수 있는 것은 메시아의 긍정적 특질이 아닙니다. 슈타이너가 아마 말하고자 하는 바는 고통을 받는다는 것이 좋다는 것이겠죠. 왜냐하면 그것은 궁극적으로 메시아를 인정하는 것이기 때문입니다. 그것이 환상이 아닌 한 말입니다.

탈무드에는 신이 토라를 가지고 논다고 적혀 있는 텍스트가 있습니다. 선생님은 이 텍스트를 어떻게 읽고 계시는지요?

탈무드가 토라는 모세의 손에 떨어졌다고 말할 때, 신이 토라를 가지고 놀았다고 분명히 말할 수 있습니다. **현자들** (H'akhamin)이 토라를 해설하는 방법은 분명 하나의 놀이를 닮아 있습니다. 신은 전문가들이 토라 속에서 놀고 있는 방법을 주시하면서 토라를 가지고 놉니다. 사탄이 토라를 찾으러 갔을 때, 그것은 바다에도, 불 속에도, 하늘에도 없었습니다. 사실 그것을 모세에게 준 것은 신이었고, 모세는 그것이 자기한테 주어진 것이 아니라 신이 그것을 가지고 논다는 것을 확실하게 이해했습니다. 그렇기 때문에 사탄이 모세에게 와 "토라를 지니고 있는 게 너냐?"라고 물을 때, 모세는 이렇게 대답합니다. "그것을 가지고 있는 것은 신입니다." 이 말은 유대인들이 토라를 지닐 때, 그것을 지니고 있는 것은 신이라는 뜻입니다. 그리고 신이 그것을 지니고 있을 때, 탈무드 **학교들**(yeshivot)에서 유대인들은 코라의 텍스트를 헤아리고 해설합니다. 이 학교들에서 신은 즐기고 있죠…….

내가 암시하는 안식일 관련 그 페이지에서 흥미 있는 것은 세 번에 걸쳐 자연의 원소들이 출현한다는 것입니다. 사탄은 우선 토라를 지상으로 찾으러 가고, 다음엔 바다로, 끝으로 심연으로 갑니다. 화학이나 물리학 같은 것이 없었을 때, 물·불 그리고 무(無: tohu vabohu)는 물리학의 질서에 속하는 게 전혀 아닙니다. 정밀과학 이전에 이 원소들은 무엇에 소용되었는가? 우리의 세계는 불·물과 같은 요소들을 분석하여 화학이나 물리학을 했습니다. 반면에 일을 하고 공부를 하는 살아 있는 존재들이 있자마자, 어떻게 일하고, 어떻게 결혼하며, 어떻게 연구해야 하는지 그들에게 가르치는 것은 토라입니다.

선생님께 중요한 것은 토라에서 신은 인간 쪽으로 강림하고 신의 현전(Shekhina)은 인간들 사이에 있다는 관념 아닌지요?

신은 강림하는 게 아니라 마치 강림하는 것 같지요. 랍비 아키바는 토라는 살아 있다고 말합니다. 신을 즐겁게 하는 유일한 것은 **예시바**(yeshiva)[8]라는 생각이죠. 이 낱말은…….

죽음은 철학적으로 생각할 수 있는 것입니까?

---

8) 정통 유대교에서 한 사람의 랍비(스승)가 이끄는 토라 및 탈무드 연구센터를 가리킨다. [역주]

단번에 사람들은 죽음, 그것은 부정이라고 말합니다. 그것은 부정이 아닙니다. 왜냐하면 그것은 신비이기 때문입니다. 사람들이 아무런 사후 생존이나 부활에 대한 희망을 제시하지 않는 것은 죽은 다음에 삶이 없기 때문이 전혀 아닙니다. 부활은 또한 죽음이 아무것도 아니라고 너무 쉽게 말합니다. 죽음이 무엇인지 우리는 모릅니다. 왜냐하면 특히 그것은 하나의 신비이기 때문입니다. 죽음에 대해 이야기한다는 것은 모든 논리를 버린다는 것입니다. 우리가 죽는다는 사실을 단순히 말하는 게 아닙니다. 사람들이 죽음을 한정짓는 데 사용하는 모든 논리적 형태들은 그들이 묘사하고자 하는 사건 속에 사라집니다.

누군가 '그는 죽었다'고 말할 때, 분명 '그'는 더 이상 존재하지 않습니다. 따라서 누군가가 "그는 사는 것을 끝냈다(Il a fini de vivre). 끝이야"라고 말했을 때, 아무것도 말하지 않는 것이 됩니다. 전혀 끝이 아니죠. 단순히 여기서는 끝났을 뿐이고, 더 이상 그 사람은 있지 않으며, 그 후의 무(無)가 있다는 것이죠. 그 후의 무는 어떤 확장을 지녔던 누군가의 무입니다. 의식이 사라지는 것은 그런 식이 전혀 아닙니다. 그것은 언제 사라지는가? 내가 죽음이 무가 아니라고 말할 때, 의미하는 바는 존재와 무의 대립이 전혀 아닙니다. 배제된 제3의 무엇이 있기 때문이 아니라 마치 제3의 무엇이 **있는 것** 같기 때문입니다.

무를 생각하는 것과 존재하지 않는다는 것은 동일한 게 아닙니다. 배제된 제3항(배중율), 그것은 A와 비(非)A가 있다는 것이죠. 우리의 논리는 배중율의 논리입니다.

결국 죽음은 선생님의 견해에 따르면 하이데거가 생각했듯이 '불가능성의 가능성'[9]인가요, 아니면 그 반대로 '모든 가능

성의 불가능성'인가요?

그것은 미래를 부정하는 것이 가능하다는 가능성입니다. 죽음과 시간의 관계는 존재가 유한성이라는 사실로부터 비롯되는 것인가요? 하지만 당신도 아시다시피, 나는 좀 더 멀리 나아갑니다. 왜냐하면 어떤 면에서 나는 죽음이 이를테면 언제나 살인이라고 주장하니까요. 누군가가 죽을 때마다 그것에 대해——어찌 되었든 '이를테면'——책임을 지는 것은 인류 전체입니다. 타자의 죽음이 야기하는 모든 슬픔에는 정지된 그 생명에 대한 책임감 같은 것이 있으며, 그런 의미에서 죄의식과 유사한 감정이 있습니다. 마치 살아남아 있는 것이 죄인 것처럼, 순진무구함 속에 죄가 있는 것처럼 말입니다. 연민에는, 혹은 초상(初喪)의 동참에는 아마 죽음의 현상 앞에서 느끼는 죄의식의 몫이 있을 겁니다.

타자의 죽음을 마치 "그게 우리와는 상관없다"는 듯이, 다시 말해 마치 나의 순진무구함은 절대적으로 이 죽음에서 배제되어 있듯이 간주하는 것은 '적절치' 않습니다. 물론 죽음을 끌어들이는 것은 존재의 유한성이고, 아니면 내가 관여하지 않은 원죄라고 말할 수 있습니다. 죽음의 철학적 혹은 신학적 정당화가 어떠하든 말입니다. 그러나 죽음이 하나의 스캔들[10]이라고 말해질 때, 이것이 의미하는 바는 '살아남은 자'가 무조건 그것에서 손을 뗄 수는 없다는 것입니다. 인간성에는 지상에서

---

9) 앞에다 '존재함'을 집어넣어 존재함의 불가능성의 가능성을 읽어야 한다. [역주]

10) 스캔들(scandale)에는 '혼란스럽고 모순된 종교적 사건'이라는 의미가 있음을 염두에 두자. [역주]

일어나는 모든 악을 공유하는 그 동참이 있다고 봅니다.

시간과 선생님의 관계는 어떤 면에서 하이데거적이라기보다는 베르그손적입니까? 어디선가 선생님은 시간의 시간성이 사랑이라는 베르그손의 그 숭고한 관념을 언급하고 있습니다.

시간, 그것은 예측 불가능한 것입니다. 그것은 동시에 약속이나 놀라움이고, 이런 의미에서 사랑입니다. 베르그손은 이런 식으로 시간을 말하지 않습니다. 그러나 기계와 시계의 기계화된 시간에도 불구하고, 시간은 개방성이고 창조입니다.

시간은 인간의 실존 속에서 다양한 방식들로 재사유될 수 있는 관념입니다. 베르그손 전까지는 시간은 지나가는 것이었고 소멸하는 것이었습니다. 시간은 비참했고, 중요한 것은 영원한 것이었지요. 영원한 것은 본질적으로 지속입니다. 그것은 일의 성과 같은 것입니다. 베르그손은 시간을 현실의 순수성으로 만든 최초의 인물입니다. 우리에게 시간은 베르그손적인 지속 속에서 체험된 것의 순수성입니다. 순수성이라는 낱말은 독일어로 rein인데 하이데거의 경우도 존재합니다. 그러나 그것은 베르그손의 경우 보다 제한적이지만 보다 순수합니다.

베르그손의 경우 시간은 정신이 되기 위해 소멸적인 성격을 상실한 현실입니다. 요컨대 시간성은 타자에 대한 사랑입니다. 베르그손의 지속은 타자에로의 접근이 자리를 잡는 차원입니다. 신학은 이 지속의 토대입니다. 하이데거의 경우는 그 반대로 시간은 존재의 포착에 포함된, 인간의 모든 권위이자 진정성입니다. 바로 이것이——대략적으로 말하면——베르그손의 성서-서양적인 정신주의와 하이데거의 이교적인——보다 정확히 말하면——그리스적인 사상 사이의 커다란 차이죠.

《존재와 시간》에는 지속의 정신에 대한 이런 정의가 없었습니다. 시간에 대한 이런 중심적 사상은 그 자체 안에 영원성에 대한 저주를 간직하고 있었습니다.

오늘날 우리는 《물질과 기억》 그리고 《시간과 자유의지: 의식의 직접소여에 관한 이론》을 망각하고 읽지 않습니다. 그런데 지속으로서의 진정성에 관한 관념에서 순수함의 그 기호를 우리가 사용하고 있는 것은 베르그손 덕분입니다. 하이데거보다는 베르그손에게 더 많은 희망이 있습니다.

선생님께서 여성적인 것과 시간성의 관계를 탁월하게 이야기하신 강의가 생각납니다. 이미 《시간과 타자》에서 선생님은 인간관계들 가운데 에로스의 예외적인 위치를 상기하고 이렇게 썼습니다: "그것은[에로스와의 관계] 타자성과의 관계이고, 신비와의 관계이다. 다시 말해 그것은 미래와의 관계이고, 모든 것이 거기 현존해 있는 하나의 세계에서 결코 거기 현존해 있지 않은 것과의 관계이며, 모든 것이 거기 현존해 있을 때 거기 현존하지 않을 수 있는 것과의 관계이다."

사실 나는 여성적인 것 속에는 미래에 대한 약속이 있다고 생각합니다. 인간 안에서 여성적인 것은 미래의 황홀함 같은 것이죠. 당신은 《시간과 타자》에 나타나는, 에로스에 대한 나의 강연을 방금 상기시켰습니다. 그 강연에는 미래의 기다림으로서의 애무에 대한 중심 사상이 이미 나타나 있었습니다.

나는 지금 많은 차원들이 열리는 감정 현상(affectivité)의 문제에 대해 언급했습니다. 예컨대 나는 도덕적인 반성에서 무상과 사심이 궁극적인 구분을 구성하는지 의문이 들었습니다. 감응들의 상호성에 대한 논의는 관용적 행동의 본질 문제를 논구할 때 이런 차원들을 충분히 고려하고 있습니까? 선행의 대상이 되는 사람은 선행을 하는 사람처럼 만족합니다. 그러나 그의 만족은 성격이 다르지 않을까요? 여기서는 설명하기가 너무 길지만, 그것은 일련의 분석을 요구하는 어떤 **다르게**(un autrement)입니다. 선(bien)의 행위에서 선함(bonté)은 고결함(noblesse)과 지고함(hauteur)의 차이를 최소한 인정합니다. 그 차이들은 평등과 불평등으로 측정되지 않습니다. 서로를 향한 이 두 운동에서 비교되었던 모든 것에도 불구하고, 신은 동일한 방식으로 사유되었습니다.

탈무드에는 사막에 있는 어떤 자가 두 사람이 마시기에는 충분하지 않다는 것을 알면서도 동료와 물을 마땅히 나누어 마셔야 하는지 알기 위해 랍비 아키바가 벤 프투라와 토론을 하는 대목이 있습니다. 벤 프투라는 나누어 마셔야 한다고 말하지만, 랍비 아키바는 이런 견해에 동의하지 않습니다: 너의 생명이 우선이다!(H'ayékha kodmin)는 것이죠. 이 말은 우리의 생명이 우리의 것이 아니고 신만이 그것을 마음대로 할 수 있다는 의미입니다.

그것은 보충적인 지혜입니다. 하지만 그것이 어떻게 하늘에서 평가될 것인지 우리는 아무것도 모릅니다. 랍비 아키바는 '고통의 낭만주의'에 열광하지 않고자 매우 고심하는 것인데, 이것은 사실 희생의 한계 문제를 제기합니다. 우리의 생명은 그것을 존경해야 할 정도로 우리의 것이 아닙니다.

내가 자주 인용하는 랍비 아키바의 다른 텍스트가 있는데, 매우 깊이가 있습니다. "심판받는 사람의 얼굴을 쳐다보아야 하는가 쳐다보지 말아야 하는가?" 탈무드의 한 박사는 판결이 내려지기 전에는 얼굴을 쳐다볼 수 있다고 대답합니다. 그러자 랍비 아키바는 이렇게 말합니다: "판결이 내려지기 전에 얼굴을 쳐다보아서는 안 된다. 그 다음에 쳐다보아야 한다." 이것은 무엇을 의미하는가요? 내려진 판결은 돌이킬 수 없는 게 아니라는 것이죠. 사법적 오류는 항상 가능하기 때문에 재심이 가능하다는 것입니다. 내가 이 대목을 인용하는 것은 신이 이스라엘의 백성이 저지른 나쁜 행동에 대해 벌을 내릴 것이라고 예언자가 갑작스럽게 외치는 순간을 이해하기 위해서입니다. 랍비 아키바가 여기서 우리에게 가르치는 것은 심판을 수정할 수 있다는 가능성입니다.

정의로운 국가에서 어떤 판결이 내려질 때——좋은 이유가 있다면——상소를 할 수 있는 가능성이 있습니다. 여기서도 의미는 같습니다. 민주주의는 권력의 권위에 대해 성찰하는 데 있지 않습니까? 사법적 권력까지도.

*

바르샤바의 유대인 거주지의 반란[11]**은 선생님께 무엇을 환기시킵니까?**

---

11) 유대인들이 극한 상황에 몰리자 독일군에 대항해 1943년 일으킨 반란을 말한다. [역주]

그 반란은 동구권 유대교가 많이 동화되는 현상에 종지부를 찍은 비상한 재(再)자각입니다. 그것은 미치광이 같은 발상이 전혀 아니고, 위협받는 유대인 삶을 위한 하나의 목표입니다. 그것은 진정 용기입니다만 이 용기에는 희망이 별로 없을 수밖에 없었습니다. "우리는 더 이상 참을 수 없다"는 것이었습니다.

나는 그 당시에 동구권 나라들에서 삶이 어떤 것이었는지 압니다. 반란은 공포를 자아내는 모방 불가능한 반작용이었습니다.

제 생각으론 그게 나치의 유대인 말살 계획에 대항한 최초의 조직화된 반항이었다고 보는데요.

나치의 계획이 수용된 적이 전혀 없었다는 점을 생각하세요. 그것은 자신을 희생시키고, 그것도 무언가를 **위해서** 자신을 희생시키려는 최초의 시도였습니다.

나는 그것을 절망 속에서 (…) 절망적인 희생으로 이해합니다. 그것은 어떤 진부한 방식으로는 해석이 불가능한 사건입니다. 따라서 그 반란을 기도한 사람들 앞에서 머리를 숙일 수 있을 뿐입니다.

폴란드에서 유대인들이 사라진 지 50년이 지난 지금도 폴란드인들이 아직도 유대인을 배척한다고 생각하십니까?

잘 모르겠습니다. 어쨌든 교황은 폴란드인입니다.[12] 하지만

---

12) 요한 바오로 2세를 말한다. [역주]

나는 그가 아우슈비츠의 옛 극장을 점령하고 있는 수녀들에게 떠나라고 요구한 사실을 매우 예민하게 받아들이고 있습니다. 그는 수녀들에게 개인적으로 편지를 썼습니다. 우리가 그런 일에 무심할 수는 없습니다. 그 이전에 나는 교황의 여름 별장인 카스텔 간돌포에서의 철학적 모임에 주기적으로 참여하고 있었습니다. 나는 이 옛 극장에 카르멜 교단이 들어서기 시작하던 해부터 더 이상 참여하지 않았습니다.[13]

쇼아(Shoah) 이후에 사람들은 테필라(일상의 주요 기도)에서 거룩하신 하느님을 규정하는 "두렵고 전능하신"(hanora et haguibor)이라는 말을 더 이상 할 수 없는 것 같습니다. 탈무드의 요마 편을 보면, 스승들은 최초의 신전이 모독되자 예레미야가 hanora라는 말을 하지 않고 생략했으며 나중에 다니엘은 이렇게 외쳤다고 전하고 있습니다. "우상 숭배자들이 하느님의 백성들을 노예로 만들었습니다. 대체 하느님의 전능한 힘은 어디에 있는 것입니까?" 그리고 차례로 그는 '전능한'을 의미하는 haguibor라는 말을 생략했습니다.

이런 모호함이 그것의 현재성 자체입니다.

그게 아직도 끝나지 않았습니다.

---

13) 아우슈비츠의 상징적 건물인 옛 극장에 기독교 수도회인 카르멜 교단이 들어서고 있는 것과 관련해 한편으로 폴란드인들과 유대인들, 다른 한편으로 유대교와 기독교의 갈등이 심화되었다. 결국 교황이 개인적 편지를 통해 카르멜 수도회 수녀들에게 극장을 떠나라고 함으로써 위기를 타개했다. [역주]

그렇습니다. 끝나지 않았습니다. 미드라시의 전체 텍스트에서 종잇장 한 장이 하늘에서 떨어졌고 이 종잇장 위에는 진리라는 단 한마디가 적혀 있었습니다. 다니엘과 예레미야의 진리는 그들에 대한 반박만큼이나 진실합니다.

위대한 유대교는 가장 무서운 최고의 힘은 참을성이라고 주장하면서 지속되고 있습니다. 독단적인 해법은 없습니다.

신이 정신에 나타나는 방식은 여러 가지가 있지요.

철학으로 되돌아가죠. 선생님에게 윤리는 인간이 이웃과 맺는 관계를 항상 규정하는 것입니다. 한편 예사야하 라이보비츠(Yeshayaha Leibovitz) 교수는 윤리가 인간이 이웃과 맺는 관계와 관련되기 전에 무엇보다도 인간과 하느님의 관계와 관련된다고 생각합니다.

그가 그 두 가지를 분리하는 게 옳은가요? 왜냐하면 인간과 인간의 관계는 그 자체에 의해 이미 인간과 신의 관계에서 본질이 아닐까요?라고 물을 수 있기 때문입니다. 이 말은 하나를 다른 하나로 언어적으로 환원시키는 게 전혀 아닙니다. 타자에 대한 책임에서 그의 얼굴의 발견은 우리가 신의 음성을 듣는 방식입니다. 종교철학에 대한 나의 책들 가운데 하나는 제목이 《생각나는 신에 대하여 *De Dieu qui vient à l'idée*》입니다. 신이 생각난 것은 타자의 얼굴에 대해 취해진 책임과 확실히 동시대적입니다.

초월성은 내재성과 분리될 수 없습니까?

절대적으로 그렇습니다. 그것은 내재성과 마찬가지로 쉽지 않으며 그만큼 희생의 기회입니다. 그것은 장난이 아닙니다.

선생님께서 기독교들에게 이야기하지 않을 수 없게 되었을 때, 선생님께 그리스도의 강생은 글자 그대로 타자의 얼굴 속에 신의 현전으로 이해된다고 기꺼이 말씀하셨습니다…….

나는 다른 사람의 '형태로'라는 표현을 사용합니다. 그러나 나는 타자가 신의 현현이라고 말하지 않습니다. 어쨌거나 내가 인류 및 다른 사람과 맺는 관계와 신의 긍정 사이에 관계가 있습니다. 어떤 논리로 보면 역설적인 계기입니다. 당신은 타자를 통해 개인적으로 내밀하게 신을 만나는 것입니다. 그보다 더 큰 내밀함은 없습니다.

경건한 유대교도에게 계율(mitzva)은 또한 그가 신과 유지하는 특수한 내밀함입니다. 이것이 바로 기독교도가 이해하지 못하는 것이죠. 선생님 자신이 모제스 멘델스존의 《예루살렘》의 서문에서 이렇게 썼습니다. "(…) 이 계율의 실천과 공부는 신앙의 단순한 표현이 아니라 역사 속에서 모습을 드러냈던 신과의 궁극적인 내밀한 관계이다."[14]

매개체가 어떤 것이든, 계율과의 관계는 타자와의 관계입니다. 예컨대 cacherout[15]처럼 이 관계를 보여주지 않는 것들에서조

---

14) *À l'heure des nations*, Éditions de Minuit, 1988.
15) 독실한 유대교의 음식 섭생 계율을 말한다.

차도 그렇습니다. 이것이 바로 탈무드적 사유의 모든 것입니다.

내가 강조하고자 하는 사실은 얼굴을 본다는 것이 지각한다는 게 아니라는 것입니다. 얼굴을 포착한다는 것은 매우 중요합니다. 그것은 사물을 본다거나 그림을 보는 것이 전혀 아닙니다. 그것은 곧바로 책임의 관계이며, 따라서 신의 말씀입니다. 사실 그것은 아리스토텔레스적인 논리에 대해 지니는 일정한 거리입니다. 우리가 둘이 있을 때 셋이라는 거죠. 이것은 실체라는 용어를 통해 이해해서는 안 되고 고전철학을 통해 이해해야 합니다. 제삼자의 그 위치는 유일합니다. 신이 현전하고 있는 것이지요. 우리가 응대하는 대상은 이미 신입니다.

나는 내가 논리학에 대립한다고 말하는 게 아닙니다. 내가 말하는 것들은 수학이 아니고 인간 공동체의 존재를 전제하는 작은 연장(延長)들입니다.

선생님께서 확립한 대신함(substitution)과 책임의 철학은 나를 대체 불가능한 존재로 만들고 있습니다. 때에 따라서 그것은 '6백만 명이 죽었는데 살아남았다는 정당화되지 않은 특권'을 자각하는 자의 궁극적인 방향 같은 것이 아닙니까…?

나는 그 사건을 푸는 열쇠가 없지만, 제삼자에 대한 책임은 인간성 그 자체에 대한 감동이고 인간적인 것에 대한 의식이라는 것, 이것이 나는 인간 이해의 원리 자체라고 생각합니다. 바로 여기에서 신적인 것은 신적이 됩니다. 그것의 존재는 의자 같은 것의 존재와는 뚜렷이 구분됩니다. 절대적으로 확고하면서도 신심과는 상관없는 방식으로 이 점을 언급해야 합니다.

선생님께서 《생각나는 신에 대하여》[16]에서 다음과 같이 쓸 때 말하고자 하는 바가 그것입니까? "모든 사유를 짊어진 가장 심원한 나의 사유, 유한에 대한 사유보다 더 오래된 나의 그 사유는 시간의 통시성 자체이고(…), 시간의 무상성(gratuité)(그 속에서 철학자들은 허무와 박탈을 두려워할 수 있었다)을 통해 모든 의식 행위 이전에 '운명지어지는' 방식, 의식보다 더 심층적인 그런 방식이다."

절대적으로 그렇습니다. 그러나 거기서 나는 신적인 것을 근본적인 철학적 범주들로 환원시키고 있습니다. 어떤 식으로든 유럽인은, 그리고 그저 인간은 그렇게 세상사를 느낍니다. 이 범주들과의 단절은 인간적인 메시지 자체와의 단절입니다.

이러한 맥락에서 얼굴을 받아들이는 응대는 신에 대한 존경인 타자에 대한 그 존경을 연장합니다.

토라에는 모세와 아론이 만남의 장막에 있을 때 신이 그들 사이에서 이야기한다고 언급되는 비상한 대목이 있습니다.

거기 있는 것은 제삼자입니다. 다만 그를 경건한 것처럼 언급해서는 안 됩니다. 그는 우리가 타자에 접근할 때의 최초의 그 '당신'입니다. 물론 그것은 다른 형태들을 취할 수도 있습니다.

그러나 평등이 존재하는 사회가 신이 존재하는 사회라고 나는 절대적으로 생각합니다. 성경의 일부 구절들은 그렇게 읽혀

---

16) *De Dieu qui vient à l'idée*, Vrin, coll. "Bibliothèque des textes philosophiques," 1992, p.12.

져야 합니다.

선생님은 한번은 이렇게 쓴 적이 있습니다. "계율이 없는 유대인은 세상에 위협이다." 무엇을 말하고자 하는지요?

그건 평화가 깨졌다는 것입니다. 그것은 내가 조금 전에 말했던 것, 다시 말해 율법과의 관계가 타자와의 관계라는 점과 연결시켜야 합니다.
"우리가 둘이 있을 때 셋이다"라는 내 표현의 역설은 상식과 바로 대립되는 것으로 간직되어야 합니다.

선생님의 작품에는 초기 저서들에서부터 한 사람의 작가가 자주 나타나지는 않지만 보이고 있습니다. 프루스트를 언급하고 싶은데요. 반면에 카프카는 거의 부재합니다.

카프카를 망각해서는 안 됩니다! 그러나 프루스트의 작품에서 주체성은 대체 불가능합니다. 과오를 짊어지고 있는 자는 언제나 나입니다. 프루스트적인 주체성에는 일종의 슬픔이 있습니다. 자신의 인간성을 조롱하는 것은 한 인간이 전혀 아닙니다. 그의 작품에서 비상한 것은 노출되는 어떤 방식인데, 나는 그것을 일종의 적나라함이라 말하고 싶습니다. 그러나 이런 노출 방식이 **메아 쿨파**(mea culpa: 내 잘못)의 형태를 항상 띠는 것은 아닙니다. 프루스트의 이야기는 비참한 게 아니라 노출된 분위기 속에 있습니다. 나는 죄를 지었다는 죄가 있습니다.
덧붙일 것은 그의 인물들 각각이, 특히 알베르틴은 명명되지 않은 채 증식되는 부끄러움·추위·나체·고독과 같은 다른 모든 감정들에 대해 죄의식을 느끼며, 어쨌든 이미 신의 말씀에 귀를 기울일 수 있음을 느낀다는 것입니다.

이 세기말에 유고의 해체와 같이 세계 어디서나 일어나고 있는 드라마들과 비극들에 국가들이 점점 더 책임을 느끼는 현상이 목격되지 않나요? 여기서 이스라엘 사람들은 우리가 경의를 표할 수밖에 없는 윤리적 감각을 보여주고 있습니다.

그리고 많은 기독교도와 많은 인간도 그렇습니다. 그 사건은 마치 우리(on)가 책임이 있는 것처럼 짓누르는 악몽입니다. 우리(on)는 곧 나입니다. 그와 같은 모순적 상황들에서 우리는 죄를 지었다는 죄가 있습니다.

내 설명의 중심 사상은 타자의 타자성이 타자에 대한 나의 책임이며 이 책임이 무거우면서 달아난다는 것입니다. 인간적인 것의 기호는——하이데거가 die Sorge라고 말하듯이——타자에 대한 배려입니다. 타자에 대한 배려가 항상 가시적인 것은 아닙니다. 우리가 인간성, 타자를 이해한 것은 이타주의적 노래를 부르기 때문이 아닙니다. 심사숙고해 보면 우리가 아무것도 하지 않았을 때 그 책임은 엄청난 것입니다.

그러한 배려(Sorge) 속에 있는 그 모든 긴급성을 이 대화 처음의 중심적인 생각, 즉 볼모와 연결한다면, 우리는 훌륭한 마무리를 할 수 있을 것입니다. 요컨대 볼모는 인간다움의 기호를 마음에 지닌 자입니까?

타자에 대해 책임을 진다는 것, 이것이 볼모가 된다는 것입니다. 부당하게 볼모가 되는 것입니다. 그러나 이 **부당하게**가 책임의 본질적인 요소입니다. 어디서 그게 나의 잘못의 한계를 벗어나고 타자의 잘못이 나의 작은 이익들보다 더 투명한지 들여다보지 않는다는 것이죠. 도덕적인 삶은 이와 같은 한결같은 태도입니다. 따라서 책임의 정의에는 모순들이 있어 제거되지 않고 공존하며 역설적인 모습을 띱니다.

볼모, 그것은 당신 대신에 일하는 자이고, 그가 일하지 않는다면 그는 죽임을 당합니다. 사회에는 항구적인 볼모 요소가 존재합니다. 우리는 언제나 누군가의 볼모이지만 이는 조만간 불평하기 위한 것이 전혀 아닙니다.

우리의 만남을 마감하기 위한 게 아니라 마지막으로 시작하기 위해 묻겠습니다. 선생님의 젊은 시절에 특별히 영향을 미친 스승이 있는지요?

몇 달 전에 나의 스승들 가운데 한 분에 대한 증언을 글로 써 달라는 부탁을 받은 적이 있습니다. 내가 mitgenommen(가지고 가버렸다)[17]이라 불렀던 그 작은 텍스트에서 나에게 리투아니아에서 독일어를 가르쳐 주셨던 모쉬 츄바브(Moshe Schwabe) 박사를 환기시켰습니다. 그 부분을 읽어드리겠습니다.

"나는 아이들에게 러시아어로 말했던 유대인 가정에서 태어났다. 다시 말하면 이 가정에서 러시아 문명과 문학은 대단한 권위가 있었다. 그러나 서구 쪽으로 돌출해 있었던 그 작은 구

---

17) *Honneur aux maîtres*, Critérion, 1991.

석에서 나의 부모는 제1차 세계대전이 터지자 쫓겨났다. 나의 부모는 여정을 계속하여 우크라이나의 카르코프까지 갔다. 내가 태어난 도시의 국립고등학교가 그곳으로 철수해 와 있었다. 나는 1916년 그 학교에 들어갔다. 황제 치하에서 유대인으로서는 대단한 성공이었다.

그리고 혁명, 공산주의 그리고 내전의 무질서가 왔다. 1920년 나의 부모에게는 그 전년도에 독립 공화국이 된 리투아니아로 되돌아가도 좋다는 기회가 왔다. 바로 그곳에서 러시아로 가르치는 유대인 고등학교 3학년에 들어가 나는——바칼로레아와 동등한 것인——대학입학자격시험을 준비했다. 그 마지막 학년 동안 나에게 독일어를 가르쳐 준 선생님은 독일문화에 깊이 동화된 유대인인 모쉬 츄바브였다. 그는 독일의 점령 때 동부 유럽의 유대교를 발견했었다. 그는 감동을 받았고 그것에 자신을 바치기로 결심했다. 그리하여 그는 리투아니아의 유대인 고등학교의 교사직을 수락했다. 그러나 우리를 눈부시게 만든 것은 서양이었고, 독일문화를 통한 서양이었으며, 괴테를 통한 독일문화였다. 우리가 《헤르만과 도로테아》——이 책이 특히 상기시키는 것은 평화 속에서 체험된 유럽적인 대화이다——를 읽는 강의 시간은 《파우스트》에 나오는 대목들의 발견을 준비하고 약속해 주었는데, 그는 그 대목들을 '읽으면 40도의 열이 난다'고 말했다. 이 약속은 공부 잘하는 학생들을 가슴 졸이게 만들었다……. 그러나 이 스승의 지혜는 우리로 하여금 그런 열기를 피하게 해주었다. 그 해는 《시와 진리》로 끝이 났다. 이 작품에서 괴테는 프랑크푸르트에서 보낸 어린 시절을 이야기하고 아파트를 장식했던 화가들의 그림들을 열거했는데, 이 화가들은 흔히 잘 알려지지 않은 인물들이었다. 영광이 없는 이런 무명은

청년 학생들에게 충격을 주었다. '왜 무명인들인가?' 우리 스승
의 대답은 걸작이었다. '괴테가 자신의 불멸성 속으로 그들을 가
지고 가버렸다——mitgenommen——'는 것이다."

그리고 몽테뉴 · 데카르트 · 파스칼 · 베르그손이 있습니다.
이들 과객들은 그들의 불멸성 속으로 많은 사람들, 많은 것들,
많은 부식토를 가지고 가버렸고, 그리하여 그것들에 그 나름의
위엄을 부여해 주었습니다. 서양이란 이런 것일까요? 푸시킨 ·
페트라르카 · 단테 · 셰익스피어 등… 세계를 장식하는 시선들
이죠.

1951년 모쉬 츄바브의 서양은 예루살렘에서 완성되는데, 그
곳에서 그는 그리스어 교수가 되었습니다.

III
레비나스

철학과 유대교 사상 사이에서

1
얼굴의 현현에서 성스러움의 관념으로

인간의 광기에 무엇으로 맞설 것인가? 이와 같은 질문에 대답한 것은 가장 유명한 철학자들이 아니라 살아생전에는 알려지지 않은 남녀들이다. 이들의 작품이 지닌 전적인 힘은 그들이 지상에서 보낸 삶을 넘어서는 지점에서만 드러났다. 엠마누엘 레비나스는 예컨대 시몬 베이유·프란츠 로젠츠바이크와 함께 이런 사상가들의 집단에 속할 수 있다. 이들의 명성은 사후에 훨씬 더 크게 되었다.

우리는 레비나스가 플라톤에서 시작해 베르그손, 후설 그리고 하이데거에 이르는 서양의 고귀한 전통에 속하고 있음을 상기시킴으로써, 특히 생애 종반 20년 전부터 그의 작품에서 성스러움이라는 대단히 중요한 개념이 만들어 내는 균열, 공통의 척도가 없어 평가가 불가능한 그런 균열을 헤아릴 수 있다. 이미 《탈무드 독서》[1]에서 그는 신성불가침한 것(le sacré)보다는 성스러운 것(le saint)의 우위를 나타냈다.

어떻게 보면 그의 담론에 성스러운 것과 성스러움의 침입은 그의 사상과 그의 작품을 이를테면 완성하게 되는 커다란 새로움이다. 레비나스는 철학적 담론에 신을 재도입한 것에 만족하

---

1) 다섯 권으로 된 《탈무드 독서 *Lectures talmudiques*》가 미뉘사에서 출간되었다.

지 않았다. 그 신이 데카르트의 신과도, 파스칼의 신과도 무한한 차이가 있는 신이었지만 말이다. 그리하여 그는 인간들의 성스러움을 우리의 근본적 문제, 즉 '세계의 비극적 광기'에 무엇으로 맞설 것인가?라는 문제에 답하는 유일한 길로 제시하기 시작한다. 이 문제에 대해선 미셸 푸코도 참으로 많이 성찰했다. 우리의 주제를 다루기 전에 레비나스의 작품에서 '관념으로 생각나는 그 신'에 대해 한마디 하자. 내가 생각하기에 그 신은 노자와 공자의 사상인 중국의 위대한 사상에서 길과 도(道)와 어떤 관계가 있다. 공자의 경우 신에 대한 관념은 하늘[天]과 뒤섞이고 있으며, 하늘은 《논어》에서 인간 존재들 사이의 관계를 주재하는 윤리의 항구적인 근거가 된다.

이제 페기[2]적인 언어를 지닌 레비나스의 사상이 우리에게 열어 주는 길을 따라가고 또 따라가 보자.

나는 인간의 모든 삶에 의미를 주는 것 같은 얼굴의 현현(épiphanie)의 구체성을 중심으로 레비나스 철학에서 존재의 의미 문제를 제기할 것이다.

몇 년 전에 사르트르에게 표지를 할애한 한 프랑스 주간지의 제목은 "사르트르, 오류에 대한 열정"이었다. 레비나스의 경우라면 우리는 제목을 "레비나스 혹은 타자에 대한 열정, 열정의 두 가지 의미"로 붙여야 할 것이다.

마치 **다르게**가 존재 사실에 비해 부차적인 것으로 존재에 덧붙여진 부사로서의 위치에 만족할 수 없고, 그것의 탁월성이 동

---

2) Charles Péguy(1873-1914): 프랑스의 기독교 시인으로, 대표작으로 《샤르트르 성모에게 보스 지방을 바치는 시》가 있다. [역주]

사 **존재한다**(être)의 토대보다 앞서는 선행성 자체를 결정하고 있기라도 하듯이, 레비나스는 "다르게 존재(être autrement)"와 **존재와 다르게**(autrement qu'être)를 결코 동일시하지 않았다. 후자의 모든 가능성을 근거 짓는 원리인 존재의 문제를 제기해 보자.

레비나스의 주요 저서인 《존재와 다르게 혹은 존재사건을 넘어서》[3]의 첫 대목을 인용해 보자. "초월이 어떤 의미를 지니고 있다면 그것은 **존재사건**의 입장에서 보면——그러니까 **존재**(esse)의 입장에서 보면——존재의 타자로 넘어간다는 사실을 의미할 뿐이다. (…) 존재와 다르게 존재의 **타자**로 넘어간다는 것. **다르게 존재**가 아니라 **존재와 다르게** 말이다. 그것은 존재하지-않음이 아니다. 넘어간다는 것은 여기서 죽는다는 것과 같은 게 아니다."

문제 제기를 보여주고 있는 이 첫 대목은 초월·의미·**존재사건**이라는 세 개의 근본적인 낱말을 제시하고 있다. 여기서 이런 시작과 함께 동시에 혹은 수렴적으로 읽어야 할 것이 이 책을 열고 있는 전복적인 서두인지 생각해 보자. 이 서두는 책이 지닌 은밀한 토대를 전달하는데, 이 토대는 레비나스가 자신의 살해된 동료들을 열거하는 두번째 제사를 히브리어에 의지해 쓸 정도로 말로 표현할 수가 없는 것이다. 그 첫 구절 전부를 옮겨 보자.

"국가 사회주의자들에 의해 살해된 수백만 사람들 가운데 가장 가까운 존재들을 추모하고, 타자에 대한 동일한 증오, 동일

---

3) *Autrement qu'être ou au-delà de l'essence*, Martinus Nijhoff Publishers, La Haye, 1974; Le Livre de Poche, coll. "Biblio essais"(이제부터 AEAE로 표기하겠음).

한 반유대인주의의 희생자인 모든 민족들과 모든 종파들의 수백만 사람들을 기리며."

《존재와 다르게 혹은 존재사건을 넘어서》의 모든 철학은 여기서 시작하고 있다. 마틴 하이데거 같은 사람을 얼어붙게 만든 그 벌어짐, 그 심연에서부터 어떻게 철학할 것인가?

이 '존재와 다르게'는 과연 죽는 것과는 다르게로, 다시 말해 서두에 제사로 문제가 되어 있는 그 다르게 자체로 귀결되는 것인가? 환원하면 우리는 존재하다와 죽는다의 그 두 양태 사이에 어떤 관계를 간파해 낼 수 있을까? 따라서 존재와 다르게가 의미하는 바는 **다르게 존재**가 아니다. 반면에 기억을 더듬어 우리로 하여금 **존재와 다르게**에 도달하도록 추구하게 만드는 어떤 죽기나 **죽기와 다르게**가 있는가?

나는 레비나스가 어떻게 얼굴의 현현으로부터 어떤 초월에 다다르는지 보여주고자 한다. 이 초월은 신과의 관계로 더 이상 규정되지 않고, 긍휼과 책임과의 관계로, 나아가 한 존재로부터 다른 존재로 넘어가는 사랑의 관계로 규정된다.

존재와 다르게는 자기 존재를 보존하는 존재인 **코나투스 에센디**(conatus essendi), 혹은 파스칼이 말하는 그 '가증스러운 자아'인 다르게 존재의 반대이다. 그렇다면 존재와 다르게는 제2의 근본적인 타자성에 불과하지 않을까? 존재와 다르게가 승화된 이기주의라고 단언해 보자. 《고르기아스》[4]에서 플라톤은 두려움을 주는 것은 죽음이 아니라 "우리가 정의롭지 못했다는 생

---

4) *Gorgias*, 그리스어 원전 번역 및 해설, Monique Canto, Flammarion, coll. "Champs," 1987.

각이다"라고 쓰고 있다. 같은 시기에 중국에서 철학자 맹자는 이렇게 가르치고 있다. "모든 인간한테는 다른 사람들에게 일어나는 무언가가, 그 자신이 견디지 못하는 무언가가 [있다]."[5] 존재와 다르게의 다른 이름은 선함 혹은 무한이거나 절대선이다.

그렇다면 한편으로 철학적 · 현상학적이고 다른 한편으로 성서적 · 탈무드적인 두 뿌리내림을 고려할 때, 레비나스의 작품에서 의미의 개념은 존재의 개념으로부터 어떻게 전개되는가? 실존주의와 구조주의, 라캉 학파와 정치철학이 분명하게 위세를 떨치던 시기에 레비나스는 프랑스에서 리쾨르 · 장켈레비치 그리고 다른 몇몇 사람들, 특히 리오타르 및 데리다와 함께 프랑스에서 의미 혁신의 커다란 현대적 사조들의 변방에 선 철학자였다. 이 의미 혁신 역시 데리다의 해체론——"…란 **무엇인가?**"라는 질문, 철학사 전체를 지배하는 그 질문의 기원과 한계에 대한 사상"[6]——을 거치지 않고 근본적 개념으로서의 존재론의 해체를 거치고 있었다.

하이데거가 생각했던 것처럼 철학은 존재를 망각했고 존재론의 의미를 상실했는가, 아니면 그보다 레비나스가 생각했던 것처럼 절대선을 망각했고 상실했는가?[7] 왜냐하면 존재와 다르게에 레비나스는 사유하기와 다르게를 첨가하고자 했기 때문이다. 이것은 같은 시기에 스탈린주의를 포함해 나치즘의 도

---

5) Cf. François Jullien, *Dialogue sur la morale*, Le Livre de Poche, coll. "Biblio essais."

6) Jacques Derrida, entretien inédit avec R.-P. Droit in *Le Monde*, 12 oct. 2004, p.III.

7) André de Muralt, professeur à l'Université de Genève, *in* préface à Alain Tournay, *L'Oubli du bien: la réponse de Levinas*, Genève, Slatkine, 1999.

래 및 쇼아의 실행과 함께 도덕적 · 철학적 가치들이 겪었던 붕괴 이후, 서양철학의 토대에 대한 재검토에 입각한 것이었다. 왜냐하면 존재론보다 더 근본적인 것으로 존재의 성스러움을 과감히 생각하기 위해서는 사유하기와 어떤 다르게를 분명히 확립해야 하지 않았겠는가?

하이데거는 《존재와 시간》에서부터 1933년 그의 대학구장 취임 연설에 이르기까지 존재의 과잉이 파시스트적인 정치적 표류에 도달할 가능성이 있다는 점을 보여줌으로써 그와 같은 붕괴에서 어떤 역할을 담당했는가? 왜냐하면 때때로 존재는 근본적인 타자성에서 본 타자의 망각을 수반하기 때문이다.

"하이데거의 경우에서 사유의 엄격한 작업의 중심에 있는 것은 인간이 아니라 존재이다. 포이어바흐로 우리를 되돌아가게 할 수도 있는 어떤 인류학이 아니라, 하나의 근본적 존재론이 문제되고 있다. 거기-존재의 진정한 행동은 '죽음에 대한 자유'라고 장 루이 뒤마는 《사유의 역사》[8]에서 쓰고 있다. 레비나스의 경우에서 의미의 이와 같은 혁신은 《총체성과 무한》[9]을 통해 비상하여 《존재와 다르게》라는 주요 저서에 이른다. 후자의 책은 최후의 탐구 영역, 즉 신이라는 낱말이 의미를 낳기 시작하는 시점의 탐구 영역을 열게 된다.

신이 정신에 도래함을 데카르트와 파스칼에 이어서뿐 아니라 키에르케고르에 이어서 철학적으로 혁신시킨다는 것, 이것이 후설과 하이데거를 베르그손의 나라로 안내했던 이 인물의

---

8) Jean-Louis Dumas, *Histoire de la pensée. Philosophies et philosophes. 3. Temps modernes*, Le Livre de Poche, 1993, p.275.

9) Martinus Nijhoff Publishers, La Haye, 1984, 4ᵉ édition; Le Livre de Poche, coll. "Biblio essais."

위대한 사변적 관심사이다. 《존재와 시간》의 저자는 베르그손을 읽지 않은 척했다.

레비나스의 사상에서 '현현(épiphanie)'이라는 낱말에 대한 의미심장한 의존과 더불어 일어나는 변화를 《총체성과 무한》에서부터 보다 심층적으로 접근해 보자. 그는 여기서 기동적(起動的)인 가치를 띠는 《후설과 하이데거에게서 존재의 발견》에서 이미 드러나는 'manifestation'보다 이 낱말을 더 선호하고 있다. 에피파니는 신학적이고 시적이며 철학적이라는 삼위일체적인 의미를 지니고 있다. 이 의미는 우리들 각자에게 투명하며 레비나스가 이 낱말에 품는 강력한 관심을 설명한다.

"얼굴로서의 얼굴의 현현은 나를 쳐다보는 눈 속에 (…) 인간성을 열어 준다."[10]

《존재와 다르게 또는 존재사건을 넘어서》에서 이 낱말은 내재적인 힘과 완결성을 획득한다. 왜냐하면 윤리의 상위적인 층위로의 이동이 있으며, 이 이동의 모든 것은 **현존재(Dasein)**의 존재로부터 '존재와 다르게'로 가는 전진 속에 있기 때문이다. 이 이동은 내재성으로부터 초월로, 존재론으로부터 윤리학으로 가는 이동이며, 성스러움을 향한 길들 가운데 하나로 존중될 수 있다. 성스러움 자체는 타자를 대신하는 행동까지 가는 드높은 책임, 《생각나는 신에 대하여》의 마지막 부분에 씌어진 표현을 빌리자면 '타자를 위해 죽는 궁극적 증여의 수용'[11]까지 가는 고도한 책임이다. 존재의 이러한 초월에 도달할 수 있는 자는 영웅들, 순교자들이나 성인들뿐이다. 이 초월로 보면 타자는 나의

---

10) *Totalité et infini*, *op. cit.*, p.234-235.
11) Vrin, coll. "Bibliothèque des textes philosophiques," 1992, p.247.

희생, 나의 증여를 위해 있는 자이다. "계시의 초월은 '현현'이 그것을 받아들이는 사람의 말 속에 온다는 사실과 관련된다."[12]

현현은 어떤 나타남 그 이상이다. 그것은 무한을 '드러낸다'는 점에서 어떤 신적 계시와 유사하다.

'얼굴의 현현'에서 중요한 것은 아름답거나 추함, 젊거나 늙음의 기준에 따른 조형적 모습의 얼굴이 더 이상 아니고, 기만적이고 본질적으로 덧없는 외모를 넘어서 인간의 얼굴이라는 유일한 차원에서의 얼굴이다. 인간의 얼굴은 무엇보다도 고통과 죽음의 환기이고 상기이다. 인간의 얼굴은 허약함과 불행에 대한 준엄한 상기만큼이나 인간성의 흔적과 반영을 그 안에 지니고 있다.

최근의 민족 말살에 대한 기억 속에서 희생자 각각의 이름, 각각의 얼굴은 망각에서 벗어나 수십 명, 나아가 수십만 명의 다른 죽은 자들을 대표하며, 이들 가운데 많은 사람들의 경우 흔적조차 남아 있지 않다. 또한 바로 이러한 의미에서 인간의 개별적 얼굴은 세계의 현존 모습을 지니고 있다. 따라서 나는 의미의 개념에 대해 성찰하고자 한다. 말하기 시작하고 철학하기 시작한다는 것은 모든 질문에 앞서 하나의 질문, 그것도 단 하나의 질문을 제기하는 것이다. 여기서 나는 레비나스의 거의 알려지지 않았지만 알려질 만한 가치가 있는 텍스트 하나를 인용하겠다. 그것의 제목은 "사랑과 계시"[13]이다.

---

12) AEAE, p.234.
13) *La Charité aujourd'hui*(collectif), Éd, SOS; 1981, p.133-148.

"나는 내용이 형태를 결정짓는 전형적인 문제가 있다고 생각하는데, 그것은 다름 아닌 죽음의 문제이다. 그것은 특히 얼굴의 정직함 속에 있는 문제이지만, 내가 요구되는 문제이다. 얼굴, 그것은 사람들이 나에게 (무언가를) 요구하고 할당한다는 사실이다."

이것은 레비나스의 존재의 문제에서 첫번째 문제이지만 또한 첫번째 설명이다. 단번에 이 설명은 죽음의 운명을 초월할 수 있는 인간의 능력이 인간 자신에게 제기하는 근본적 물음에 대한 대답이다.

레비나스의 형이상학을 보면 출발점에 얼굴이 있으며 이 얼굴은 어떤 윤리적 말과 분리될 수 없다. 이것이 의미하는 것은 다음과 같은 게 아니라면 무엇이겠는가?

"얼굴의 접근에서 육신은 언어가 되고 애무는───말이 된다."[14] 이 표현은 **말씀이 육신이 되었다**(Verbum caro factus est)[15]가 더 이상 아니라, **육신이 말씀이 되었다**(Caro verbum facta est)이다. 비상한 철학적 단절이 아닐 수 없다. 바로 여기서 레비나스는 인간 조건의 보다 높은 단계로서 모성에 호소한다. 모성에는 성스러움이 있는가? 철학적 담론에서 현상과 본질의 혼동 같은 것을 일으키는 '성스러움' 이라는 용어는 우리로 하여금 또한 이 용어의 종교적인 전문적 의미에 대해 고찰하지 않을 수 없게 만든다. 왜 유대교의 전통에 따르는 레비나스는 '정의' 보다 이 낱말의 사용을 선호하는 것인가? 그 이유는 그가 히브리어 **Tzadik** 혹은 **Tzedaka**(정의로운 혹은 정의)보다는 **Kaddosh**(성

---

14) *Ibid.*, p.150.

15) 요한복음 첫장에 나오는 표현인데 보통 '말씀이 사람이 되시다' 로 번역되어 있다. (역주)

스러운 것)와 **Kedousha**(성스러움)를 더 좋아하기 때문이다. 성스러운 것과 성스러움은 신학과 철학에서 정의의 상위 단계이다. 성스러움은 정의보다 위에 있는 것이고, 성인은 뜻으로 볼 때 공평하기만 하다 할 정의로운 자보다 우월하다. 그런데 우리의 전통 역시 그 나름의 순교자들과 성인들이 있다. 설령 그것이 적어도 프랑스어에서는 기독교 및 특히 가톨릭교회와 구분되기 위해 '정의로운'이라는 낱말을 사용하기를 선호하지만 말이다.

여자는 육신적인 것으로부터 정신적인 것으로, 본질적으로 육신에 속하지 않은 것으로의 이동을 구현한다. 생명을 증여함으로써 여자는 짝짓기에서 기본적으로 욕망, 관능적인 것, 에로틱한 것을 양도할 수 없는 책임으로 변모시키기 위해 그것들을 초월한다. 자신의 자유, 자신의 안락을 대가로 치르고 생명체를 자신 안에 받아들이는 것이다. 바로 이와 같은 물리적·형이상학적 극복으로 인해 레비나스는 이렇게 쓸 수 있는 것이다. "얼굴의 접근에서 육신은 말씀이 된다." 여성적인 것은 철학적 사유뿐 아니라 성서적·탈무드적 사유에서도 중요한 위치를 차지하고 있다. 그것은 인간적인 것의 정점이다. 이를 증언하는 것이 《존재와 다르게》의 다음과 같은 화려한 두 대목이다.

"모성 속에서 다른 사람들에 대한 책임——다른 사람들을 대신하는 행위에까지 이르고, 또 박해자 자신이 망가지는 박해하기 자체와 박해의 결과를 아파하는 데까지 이르는 책임——이 의미를 띤다. 또한 모성——전형적인 짊어지기——은 박해자의 박해하기에 대한 책임을 진다."[16]

또 하나를 보면 "'타자를 위한' 총체라는 점에서의 모성은

---

16) AEAE, p.121.

의미의 의미 작용 자체인 궁극적 의의인데, 모성의 상처받기 쉬운 특성"[17]이 언급되고 있다.

이웃에 대한 책임의 이러한 지극한 차원은 어떤 사람들에게는 지나치게 기독교적이라 할 수 있지만, 레비나스에게는 '주체성의 본질적이고 으뜸가는 근본적 구조'이다. 이 차원을 통해 《존재와 다르게》가 《총체성과 무한》을 넘어서게 해주는 것이 위치한다. 볼모의 조건 혹은 무조건에까지 이르는 이와 같은 책임 속에서 폴 리쾨르는 레비나스 사상의 과도하고 과장적인 성격을 보았다. 그가 옳기는 하지만 그럼에도 불구하고 기독교적인 모든 지향점을 넘어서, [타자를] 대신해 주는 희생적이며 헌신적인 사랑을 전적으로 무절제한 방식으로 도래하게 하려는 그 의지 속에는 철학의 흔치 않는 차원, 성스러움에 개입하는 그런 차원이 있다. 여기에는 플라톤 이후부터 하이데거까지 '정의상 압제적인 (…) 그 서양적 논리'[18]를 내세워 압제자들과 타협했던 철학자들의 도덕적 빚을 갚는 방식이 존재하지 않은가?

어머니들과 일부 성인들——혹은 정의로운 자들——만이 그렇게 '존재의 타자'로 넘어간다. 중국 철학은 레비나스가 거의 몰랐지만 공자 이후로 이른바 **인**(仁)이라는 최고선을 품고 있다. 이 글자는 사람이라는 요소와 둘이라는 숫자로 구성되어 있다. 다시 말하면 그것은 순수 상태의 타자성이다. 《논어》에서 공자는 이렇게 쓰고 있다[VI, 28]: "다른 사람들을 위해 네가 할 수 있는 것에 대한 생각을 네 자신 안에서 끌어내라——이것이 너를 인의 길로 인도할 것이다."[19] 안 쳉은 이런 인간성

---

17) *Ibid.*, p.170.

18) Hannah Arendt, *Journal de pensée*(1950-1973), I, [20], Le Seuil, 2005.

의 미덕이 매우 드물기 때문에 "공자는 아무도 그만한 그릇이 되지 못한다고 판단한다"고 상기시킨다.

데카르트와 파스칼뿐 아니라 키에르케고르에 이어서, 신이 정신에 도래함을 철학적으로 혁신시키는 일은 레비나스가 생애 마지막 15년 동안 바치게 되는 최후의 작업 영역이 되었다. 그것은 서양철학의 토대를 다시 문제 삼는 일에서부터 시작해 **존재(하기)와 다르게**로부터 **생각하기와 다르게**로 가는 도정을 말한다.

이러한 '생각하기와 다르게'는 플라톤이 《국가》에서 '존재 사건을 넘어섬'에 대해 말하는 것처럼, '신이 생각에 도래함을 넘어섬'을 말하는 것이 아닐까?

이 철학에는 존재론의 넘어섬 형태를 취하는 매우 심층적으로 새로운 의미가 존재하고, 현상학과는 다른 길이 존재한다. 이 길은——설령 레비나스가 현상학자라 할지라도——형이상학이라는 이름이 부여될 수 없으며——그보다는 **메타**윤리학이라 할 것이다. 자크 롤랑이 탁월한 철학적 에세이 《다르게의 도정: 엠마누엘 레비나스 읽기》[20]에서 쓰고 있듯이, 윤리학은 존재론이 그렇다고 생각되는 것과는 달리 '제1철학'이 더 이상 아니라 할지라도 말이다. 그러나 블랑쇼는 레비나스의 사상에서 "윤리학을 출발점에 놓는 철학적 전복"[21]을 감지한다.

《총체성과 무한》의 저자가 드러내는 윤리를 도덕과 혼동하고 법과 금지로 이루어진 도덕의 그 후광과 혼동하는 것보다

---

19) *Entretiens de Confucius*, 중국어 원전 번역 및 해설, Anne Cheng, Le Seuil, coll. "Points Sagesses," 1981, p.20.

20) Jacques Rolland, *Parcours de l'autrement: lecture d'Emmanuel Levinas*, PUF, 2000.

21) "Ce qu'il nous a appris," in *L'Arche* "spécial Levinas," fév. 1996, p.68.

더 잘못된 것은 없을 것이다. 이 윤리는 《도덕의 형이상학적 토대》와도 아무런 관계가 없다. 이 저서에서 칸트는 타자에 대한 의무보다 자기 자신에 대한 의무의 우위를 분명하게 확립하고 있다. 레비나스의 윤리는 성스러움으로만 규정될 수 있다. 성스러움을 종교적 초월의 유일한 영역으로부터 벗어나게 해 형이상학과 동시에 이성이나 개념의 영역 속에 도입한 것, 이것이 바로 이 철학의 모든 용기이다. 그러나 급진적 선의 한계 문제를 제기하는 것 역시 위험하다. 이처럼 책임을 내세우는데, 어떻게 한나 아렌트가 요구하는 것처럼 '도덕 법칙과 반대 방향으로' [22] 가지 않을 수 있겠는가?

성스러움을 철학적 범주들의 차원으로 끌어들이려는 그 의지는 매우 오랫동안 레비나스 안에 들어 있었던 그런 의식의 종착점이고 완성이다. 이 문제는 일부 철학자들에 의해 매우 자주 희석되고 나아가 비판되었다. 그들은 자신들이 모르거나 철학의 변방으로 내모는 영역들을 무시한다. 또 다른 사람들에 대해선 말할 필요도 없다. 이들은 비판을 구실로 내세워 반유대인주의에 여전히 충성하면서 그 기원이나 소속이 유대교인 철학자를 철학자가 아니라고 비난한다.

우리는 철학이 아직도 우리에게 무언가를 가르칠 수 있는지 탐구한다. 그런 우리가 볼 때, 사랑의 지혜이고자 하는 철학을 자각하는 것은 우리의 몫이다. 사랑하기와는 다르게인 한에서의 그런 사랑의 지혜 말이다.

---

22) *Journal de pensée*, Le Seuil, 2 vol., 2005, I, p.202.

2
사르트르와 레비나스:
어떤 대화가 가능한가?

"실존주의(…)는 반유대인주의에 대립될 수 있다. 하나의 실존주의적 인본주의, 다시 말해 (…) 근대 세계의 근본적 경험들을 통합하는 인본주의의 존재, 이것이 사르트르가 우리의 명분에, 인간의 명분에 가져다준 본질적인 기여이다."[23]

이 글은 엠마누엘 레비나스가 1947년 6월에 쓴 것인데, 사르트르가 파리의 화학홀(Salle de la Chimie)에서 세계이스라엘연맹의 후원 아래 행한 강연이 있는 직후에 집필된 것이다. 그것은 이미 유명해진 동시대인에 대해 《총체성과 무한》의 철학자가 쓴 최초의 글이다.

《구토》(1938)가 출간된 직후에 두 인물, 두 철학자의 최초 만남이 그들보다 선배인 가브리엘 마르셀의 집에서 이루어졌다. 그 시점은 재앙이 한창때인 1943년 나온 《존재와 무》가 출간되기 몇 년 전이었다. 사르트르가 볼 때 레비나스의 이름은 《후설 현상학에서 직관 이론》[24]이 출간된 해인 1930년에 나타났다. 이 책을 훑어본 후, 사르트르는 이렇게 외쳤다 한다. "이 모든 것은 내가 말하고 싶었던 것인데, 후설이 이미 말하고 말았구나."[25]

---

23) *Les Imprévus de l'histoire*, Fata Morgana, 1994, p.122; Le Livre de Poche, 2000.
24) 레비나스의 박사학위 논문이다. [역주]

레비나스가 아니라 후설임

《구토》는 레비나스가 사르트르의 사상을 발견하게 해준 책인데, 이 발견은 먼발치에서 보내는 경탄으로 오랫동안 남아 있게 되었고, 사르트르의 생애에서 70년대 마지막 10년의 전환기가 올 때까지 게다가 그것도 일방통행이었다. 그러나 1964년 레비나스는 이 노벨문학상(노벨철학상은 존재하지 않는다) 수상자에게 상을 거부한 데 대한 축하 편지——이 편지에 일군의 젊은이들에게 스승이 된 사르트르는 답장하지 않았다——를 보냈다. 스스로 '중요하다'고 규정한 이 편지에서 그는 이렇게 썼다. 노벨상을 거부했기 때문에 "당신은 아마 발언권이 있는 유일한 사람일 것이고, 아마 발언해야 할 때가 된 것 같군요. 이집트의 나세르한테 가서 이스라엘과의 평화를 제안해야 합니다. 무모한 발상인지 모릅니다! 그러나 당신은 사람들이 귀를 기울일 유일한 사람입니다."[26]

레비나스가 이 에피소드를 상기했을 때, 어떻게 상처를 느끼지 않을 수 있었겠는가? 그는 이 상처를 침묵시킬 수 없었고 그래서 자기 이야기의 마지막에 그것을 드러내고 있다. "내가 들은 바로는 그는 내 편지를 받았을 때 이렇게 물었다 한다. '대체 레비나스가 누구입니까?' 그는 《후설 현상학에서 직관 이론》을 망각했던 것인가?"라고 레비나스는 결론으로 묻고 있다. 그 상처가 누그러진 것은 사르트르가 레비나스를 자기 집

---

25) 레비나스의 진술임. *In* François Poirié, *Emmanuel Levinas, qui êtes-vous?*, Lyon, La Manufacture, 1987, p.88.

26) *Ibid.*

에 초청해 자신이 팔레스타인 문제에 대해 준비하고 있었던 《현대 Les Temps modernes》지 특별호에 기고를 부탁했을 때였다. 그리하여 레비나스는 사다트-베긴의 역사적 만남과 이로부터 태어난 평화의 희망에 관해 〈정치 이후에!〉라는 제목의 텍스트를 이 유명한 잡지를 위해 썼다.

사르트르와의 대화에서 타자

한편으로 '얼굴의 현현'이 성스러움으로 열리고, 다른 한편으로 초월이 종교의 도움 없이 들리는 저 유일한 철학적 순간을 향해서 전진해 가는 도정에서 우리는 《타자의 인본주의》에서 사르트르로 잠시 이동을 할 수 있을 것이다. 이 책에서 레비나스는 흔적에 관해 탁월하게 전개하면서 다음과 같이 쓰고 있다. "사르트르는 분석을 너무 일찍이 중단하고 있긴 하지만 주목할 만하게 이렇게 언급한다. 타자는 세계에서 순수한 구멍이다. 그는 절대적으로 부재하는 것으로부터 비롯된다."[27]

레비나스가 1947-1948년에 행한 강연들은 지금부터 20년 전에 《시간과 타자》라는 제목으로 출간되었는데, 이미 그는 이 강연들에서 사르트르의 실존주의에 질문하고 있다. "사르트르의 철학에는 무언가 알 수 없는 어떤 순결한 현재가 있다. 실존의 모든 무게는 과거로 던져졌기 때문에 현재의 자유는 이미 물질 위에 위치하고 있다."[28]

---

27) *Humanisme de l'autre homme*, Fata Morgana, 1972, p.1958. 또한 cf. *En découvrant l'existence avec Husserl et Heidegger*, Vrin, 1982, p.198.
28) PUF, coll, "Quadrige," 1983, p.44.

레비나스는 모든 중량적 물질이 박탈된 것 같은, 현재의 자유를 되찾고 싶어 한다. 우리가 이 '순결한 현재'를 통해서 이해할 수 있는 것은 어떤 특질이나 평가가 아니라, 그 반대로 사르트르적인 순진함——이것은 "또한 자칭 매우 위태로운 모든 존재론의 순진함이다"[29]——에 대한 어떤 비판이다. 이 순진함은 의식의 현재를 반성의 출발점으로 삼지만 레비나스는 그것을 윤리학이라는 진정한 형이상학으로 대체한다. 그러나 사르트르가 **코기토**는 철학의 기원일 수 없다고 쓰고 있다는 점을 고려할 때, 그는 주목되는 문제 제기에 이르고 있지 않는가? 그는 《존재와 무》에서 이렇게 단언하고 있으니 말이다. 타자의 문제는 "**코기토**로부터 제기되지 않으며, 그 반대로 **코기토**로 하여금 자아가 대상으로 포착되는 추상적 순간이 될 수 있게 해 주는 것은 타자의 존재이다."[30] 모든 것이 의미를 지니는 데 기준이 되는 타자의 나타남을 통해 나의 의식은 가능하게 되는데, 사르트르의 **코기토**는 그것이 이런 의식인 한에서 레비나스의 윤리학과 기만적인 접선을 만들어 낸다.

우리가 이러한 서론을 더 밀고 나아갈 필요도 없이 쉽게 이해할 수 있는 것은 레비나스가 코기토에 대해 근본적으로 상이한 이해를 지니고 있으며, 따라서 타자에 대한 이해도 마찬가지라는 사실이다. 《총체성과 무한》의 마지막 부분에서 이 철학자는 사르트르를 다시 다룬다. 우리의 철학자가 비판하고자 하는 것은 타자에 대한 사르트르의 이해와 자유 사이의 관계이다.

29) Alain Tornay, *L'Oubli du bien. La réponse de Levinas*, Genève, Slatkine, 1999, p.123.

30) *L'Être et le Néant*, Gallimard, coll. "Tel," 1994, p.275.

"사르트르의 경우 타자와의 만남은 나의 자유를 위협하고, 또다른 어떤 자유의 시선 속에 내 자유가 약화되는 것과 같다. 바로 여기서, 진정으로 외재적 상태로 머무는 것과 존재와의 양립불가능성이 아마 가장 강력하게 나타난다 할 것이다. 그러나 바로 거기서 오히려 자유의 정당화 문제가 우리에게 나타난다. 왜냐하면 타자의 현전은 자유의 순진한 합당성을 문제 삼고 있지 않은가? 자유는 자기에 대한 어떤 부끄러움으로 자유 자체에게 나타나지 않는가? 자기로 귀결됨으로써 찬탈 같은 것으로서 말이다."[31]

이상한 일이지만 자유의 마지막 심급은 레비나스와 사르트르의 경우 정반대되는 비례적 이유로 모두 이웃의 나타남이다. 레비나스에게 나의 자유는 그것이 지닌 근본적인 것에서, 타자에 대한 나의 의무와 함께 시작된다. 이 의무는 모든 요구에 앞서, 모든 호소에 앞서 도래한다. 그러나 사르트르에게 자유는 타자와 더불어 멈추는 것 같다.

카프카의 침입과 초월

사르트르와 레비나스 사이에 카프카의 상징적 작품이 위치한다는 사실에 주목한 연구자는 거의 없다. 카프카는 레비나스보다는 사르트르와 더 가깝다. 그럼에도 이 두 철학자가 볼 때

---

31) *Totalité et infini*, Le Livre de Poche, coll. "Biblio essais," p.338-339.

그의 작품은 인간의 영혼과 유대인의 영혼에 따라다니는 어떤 형이상학적 불안과 뗄 수 없는 의미를 지닌다. 우리는 거의 이렇게까지 말할 수 있을 것이다. 즉 두 철학자와 카프카 사이의 공통점은 그들이 그것에 대해 말할 게 아무것도 없다——아니면 보다 정확히 말하면 거의 아무것도 없다——는 것이다. 그 이유는 간극 때문이 아니라 그 반대로 거의 말로 표현할 수 없는 인접성 때문이고, 카프카의 작품이 의미를 넘어서고 따라서 모든 철학을 넘어서기 때문이다. 사르트르는 《상황 I》에서 블랑쇼의 카프카에 대한 담론과는 반대되는 입장에서 이렇게 쓰고 있다.

"…카프카에 대해 나는 그가 이 시대의 가장 드물고 가장 위대한 작가들 가운데 하나라는 점을 제외하면 아무것도 말할 게 없다. 그리고 이것도 그가 최초인데, 그가 선택한 기법은 그의 작품에서 어떤 필요에 부합한다는 것이다. 그가 불가능한 초월에 의해 끊임없이 동요되는 인생을 보여주는 것은 그가 이 초월의 존재를 믿기 때문이다. 단순하게 말해 이 초월은 우리가 도달할 수 없는 것이다. 그의 세계는 환상적이고 동시에 엄격하게 진실하다."[32]

이 인용문은 압축하여 말하고 있지만, 그것은 레비나스가 《생각나는 신에 대하여》의 마지막 부분에서 프라하의 이 비극적 견자에 대해 쓴 유일한 노트를 상기시키지 않을 수 없다. 이 노트는 텍스트의 본문에 나타지 않고 끝에 가서야 하나의

---

32) *Aminadab* in *Situations I*, Gallimard, 1947, p.139.

주에 나타나지만 이 주는 매우 중요하다.

"여기서 성서 옹호론자로서 나는 현대 문학 세계의 '성서'를 구성한다고 보이는 책들, 즉 카프카의 작품을 상기시키고자 한다.
이 작품을 보면, 인간들을 방황하게 하고 분리시키는 권력·계급 구조·통치의 미로들과 궁지들을 넘어서 인간의 정체성 문제가 떠오른다. 이 정체성 자체는 한편으로 존재의 권리에 대해서, 다른 한편으로 존재의 모험이 일어난 발생 자체의 순진무구함에 대해서 죄의식 없는 규탄이 이루어지는 가운데 문제시된다."[33]

이 두 인용을 보면, 언급되지 않는 초월과 '죄의식 없는 규탄'을 토대로 사르트르와 레비나스 사이에 형이상학적인 결정적 유사성이 있음을 누가 알아차리지 못하겠는가? 이 규탄은 불타오르며 반짝이고 각 행마다, 각 단어마다 눈에 띄고, 어떤 구원의 기다림을 향해 수렴하지만, 이 구원 자체는 그것의 이름을 말하지 않는다. 다른 한편 1980년의 한 대담에서 《존재와 다르게 또는 존재사건을 넘어서》의 저자는 다시 한번 카프카로 되돌아가지 않을 수 없었다.

"그리고 카프카에 대해 생각해 보세요. 그는 죄 없는 죄의식을 묘사하고, 인간이 자신에게 가해지는 비난들을 결코 이해하지 못하는 세계를 기술합니다. 우리는 거기서 의미의 문제가 태어나는 것을 봅니다. 이 문제는 단순히 '나의 삶은 올바른가?'가

---

33) Vrin, 1992, p.257.

아니라 그보다는 '존재한다는 게 올바른가?' 입니다. 이것은 매우 중요합니다. 왜냐하면 우리는 있는 존재를 기준으로 하여 언제나 선을 측정하기 때문입니다."[34]

레비나스의 사상에서 '존재한다는 게 올바른 것인가?' 라는 질문은 당연히 윤리적일 뿐 아니라 매우 비극적인 차원을 띤다. 왜냐하면 그것은 "6백만 명의 죽은 자들 가운데 살아남았다는 정당화되지 않는 특권"[35]이 그에게 제기하는 질문으로 어쩔 수 없이 귀결되기 때문이다.

초월은 《성》과 《변신》에서처럼, 그리고 특히 우화 〈법의 문〉[36]에서처럼 도달될 수 없다. 사르트르는 이 이야기의 마지막 부분에 매우 영향을 받았다. 우리는 그가 시골 사나이의 궁극적 질문과 법의 수호자(문지기)의 궁극적 답변, 특별한 함축성을 띤 그 답변을 읽었다고 생각까지 할 수 있다. 이 질문은 사실 카프카가 제기하는 심오한 질문이다. "각자가 법을 열망한다면 어떻게 그 세월 동안 나 말고 아무도 들어가겠다는 사람이 없단 말인가?"[37] 그러자 문지기는 단두대 같은 치명적인 형태의 이런 말을 내뱉는다. "이곳에서 자네 말고는 아무도 들어갈 수 없었네. 왜냐하면 이 문은 자네, 자네 하나만을 위한 것이었기 때문이지. 이제 난 떠나야 하니 문을 닫겠네."[38]

사르트르는 《존재와 무》에서 이렇게 해설한다. "이것이 바로

34) Entretien avec Christian Descamps, *Le Monde*, 2 nov. 1980.

35) *Noms propres*, Fata Morgana, 1976, p.178.

36) 이 단편 우화는 카프카의 《소송》 제9장 〈대성당에서〉에서도 나온다. (역주)

37) *La Métamorphose*, Alexandre Vialatte 번역, Gallimard, coll. "Folio," 1987, p.134.

대자(pour-soi: 對自)의 경우이다. 게다가 각자는 자기 자신의 문을 만든다고 우리가 덧붙이고자 한다면 말이다."[39] 그러나 이러한 지적을 했다고 해서 사르트르가 이런 궁극적 탐구의 의미를 다 파헤칠 수 없으리라는 것은 당연하다. 게다가 그가 그렇게 주장하는 것도 아니다. 하지만 각자가 자기 자신에게——그리고 확고하고 명료한 대자 속에서——자신의 문이라는 주장은 **대립되는 추론을 통해**(a contrario) 다음과 같은 점을 나타낸다. 즉 모든 존재론은 스스로 자책하며, 오직 얼굴의 현현만이 **타자를-위함**(Für-sorge)으로 표출되지 않을 대자의 그 폐쇄를 부수러 온다는 것이다. 타자를 위함이란 결국 무엇인가? 그것은 타자를 위한 불안이 자신을 위한 두려움보다 앞서는 자기-위함이다.

사르트르와 유대인

우리는 이제 커다란 문제에 도달하고 있다.

사르트르와 유대인, 이것이 바로 우리가 만난 이유이다. 본질적으로 철학적인 영역에서 사르트르와 레비나스는 결코 진정으로 서로 대척점에 있지는 않은 채 현저하게 입장 차이를 보이고 있다. 그렇긴 하지만, 베니 레비가 옮기고 있는 그의 마지막 대화록인 《이제는 희망》에 보이는 것과 같은 사르트르의 최후 입장, 유대 사상에 대한 그 입장은 이번엔 레비나스라

---

38) *Das Process*, Stuttgart, Philipp Reclam, jun., 1997. 번역은 필자가 한 것임.

39) *Op. cit.*, p.595.

는 유대적 특성의 사상가이자 철학자와 어떤 인접성을 드러내고 있다. 여기서 우리는 이 대화에서 중요한 첫번째 대목을 인용하고자 한다.

"(J.-P.S.) 유대교는 이 세계의 종말과 또 다른 세계의 동시 출현을 함축하고 있네. 이 또 다른 세계는 이 세계로 이루어질 것이지만 사물들은 다르게 배치된다는 것이네. 역시 내 마음에 드는 또 하나의 주제가 있는데, 죽은 유대인들과 다른 사람들이 부활할 것이고 지상에 다시 온다는 것이네. 기독교의 견해와는 반대로, 현재 죽어 있는 유대인들은 무덤에서만 존재하네. 그들은 그 새로운 세계에서 산 채로 다시 태어난다네. 이 새로운 세계, 그것은 종말이네.

(B.L.) 그게 어떤 면에서 관심을 끕니까?

(J.-P.S.) 모든 유대인이 다소간 의식적으로 지향하는 궁극 목적성은 종국적으로 인류를 규합하게 되어 있지만, 그것은 결국 종교적인만큼이나 사회적인 종말이고, 이 종말은 유대 민족만이…

(…) 글쎄 말하자면, 그것은 서로를 위하는 인간들의 존재가 시작됨을 말하네. 다시 말해 도덕의 종말이지. 아니 보다 정확히 말하면 그건 도덕성이네. 유대인은 세계, 곧 이 세계의 종말과 다른 세계의 출현을 생각하는데, 서로를 위한 인간들의 윤리적 존재가 출현한다는 것이지."[40]

---

40) *L'Espoir maintenant, Les entretiens de 1980*, Lagrasse, Verdier, 1991, p.76-78.

이 인용문 다음의 대화도 역시 충격적이다. 베니 레비가 윤리는 세계 종말과 이에 따른 결과인 메시아의 시대에 대한 유대인의 이해에서 궁극적 목적, 다시 말해 최후의 심급이 아니라고 명백하게 지적하자, 사르트르는 친구의 말에 주의를 기울이지 않은 듯 여세를 몰아 자신의 생각을 계속 말한다. "궁극적 종말을 만나야 한다는 것이지. 다시 말해 진정 도덕이 단순히 인간들이 서로를 위해 살아가는 방식이 되는 그런 시점 말이야."[41]

이상과 같은 인용문들은 우리들 가운데 많은 사람에게 당황스럽다. 이번엔 내가 다음과 같은 질문을 던지겠다. 마지막 시기의 사르트르는 레비나스적인 되었던 것일까?

사르트르는 결국 유대인들에게 메시아니즘을 부여하고 있는데, 이것과 동등한 비유대교적인 등가물이 그에 따르면 혁명이라는 것이다. 유대인들은 역사에 어떤 통로나 출구가 있을 수있다고, 아니 그보다 있을 수밖에 없다고 생각한 최초의 인간들이다. 이 출구는 세계의 진부한 지상적 종말이 가져다주는 게아니라 어떤 초월적 사건이 가져다준다는 것이다. 태초에 부합하도록 되어 있는 것이 진정한 구원인 대속(代贖)이다. 물론이 구원은 역사로부터의 구원이지만 역사 바깥으로의 구원이다. 유대인들과 비유대인들이라는 두 부류의 인간 범주는 사르트르의 정치적·혁명적 투쟁을 일종의 비종교적인 메시아니즘으로 이해해야 한다는 것인가? 그가 베니 레비와의 대화에서자신의 견해를 이처럼 분명하게 표현하기 전에 누가 이것을 이해할 수 있었겠는가?

---

41) *Ibid.*, p.78.

우리는 지극히 진지한 하나의 문제와 마주하고 있음을 분명히 의식하고 있다. 왜냐하면 헤겔을 통해 우리는 역사의 총체성을 간직하고 있고 이스라엘은 역사의 이러한 총체성을 벗어나고 있기 때문이다. 그 벗어남은 어떤 결정권자의 변덕이나 일방적인 결정에 의한 것이 아니라, 자신의 역사에서 선험적으로 유대 민족을 배제하고 있는 헤겔 자신 때문이다. 《구토》의 작가에게 역사의 의미를 이런 식으로 문제 삼는 것은 첼란의 힘 있는 어휘를 빌린다면 일종의 Atemwende이다. 이 낱말은 최근에 '숨돌림의 순간(renverse du souffle)'[42]으로 번역되었다.

《유대인 문제에 대한 고찰》을 쓰던 시기에 사르트르는 유대교적인 역사의 가능성에 대해 질문을 받자 유대교적인 역사는 없다고 대답한다. 그가 당시에 역사라는 낱말에 부여한 것은 헤겔적인 의미의 역사였다. 다시 말해 그것은 역사적이고 사실상의 정치적인 정당성을 지닌 역사로서 지상의 한 민족의 역사였다. 물론 흩어져 있고 땅도 없지만 하나의 최소한 지리 정치적이고 유배적인 실체——하나의 공동 운명 속에 구현되고 있는 실체——를 통해 동일한 민족을 형성하는 한 민족의 역사를 생각해야 할 만한 타당성을 그는 헤아리지 못했다.

실존주의——게다가 무신론적 실존주의——철학자에게 유대인의 역사는 아직 존재하지 않았지만, 최소한 **유대인 운명**은 참으로 대단한 힘으로! 존재했다. 클로드 랑즈만, 베니 레비 그리고 자신의 양녀 아를레트 엘카임 사르트르와의 만남을 통

---

42) Paul Celan, *Renverse du souffle*, Jean-Pierre 번역, Lefebvre, Le Seuil, 2003.

해, 유대 사상이 본래 그대로 사유되는 어떤 본질적인 사조들의 전달자들과 마주하자, 사르트르는 자신이 잘못 생각했다는 논리적 결론에 도달하지 않을 수 없었다. 이것이 그가 베니 레비에게 다음과 같이 단언한 것을 설명한다. "역사철학은 유대교적인 역사가 있느냐 없느냐에 따라 동일하지 않다. 그런데 유대교적인 역사가 있다. 그건 분명하다."[43]

이렇게 하여 사르트르는 베니 레비의 논리를 끝까지 따라가면서 헤겔이 '유대인과 끝장을 내고자 하는 데' 동원한 가설을 받아들인다. 그런데 사실 헤겔이 서양에 강제하고자 했던 그 역사 개념으로부터 벗어나게 해주고, 또 거의 로젠츠바이크의 경우까지 그 개념으로부터 벗어나는 데 성공하는 것은 바로 유대인이다. 후설과 더불어 로젠츠바이크는 그의 걸작 《대속의 별》을 통해서 총체성의 개념, 특히 역사의 총체성 개념을 무너뜨린 최초의 철학자들 가운데 하나였다.

《총체성과 무한》에서 차례로 엠마누엘 레비나스는 헤겔의 역사철학과 단절을 나타낸다.

말로, 사르트르 그리고 유대인들

유대왕국의 유대인들이 유배되고 기원후 70년 예루살렘 성전이 파괴된 후 흩어져 살아오는 동안, 진정한 공동의 역사를 지니지 못한 채 흩어진 민족의 그 실체는 결국 무엇에 기인하는가? 사르트르는 이 질문에 매우 중요한 답변을 한다. 이 답

---

43) *L'Espoir maintenant*, p.74-75.

변을 통해 그는 레비나스가 지속적으로 발전시킨, 역사에 대한 유대교적인 이해와 레비나스를 넘어서 말로가 유대 민족에 대해 품었던 이해와 합류한다.

우리는 사르트르와 말로가 적어도 하나의 문제, 즉 유대 민족 및 이스라엘과 자신들의 관계에 있어선 다시 만날 수도 있었으리라는 점을 의심한 적이 없다. 사르트르는 이렇게 대답한다. "잘 숙고해 본다면, 유대인에게 본질적인 점은 수천 년 전부터 그가 유일신과 관계를 맺고 있고 그가 일신론자라는 것이네. 이것이 모두가 여러 신들을 모신 그 모든 옛 민족들과 그를 구분시켜 주었던 것이고, 그를 절대적으로 본질적이고 자율적으로 만들어 준 것이네."[44]

잠시 말로가 유대인들이 신과 유지하는 매우 특별한 관계에 대해 언급했던 것으로 되돌아가 보자. 그는 1956년 《이스라엘》이란 제목으로 나온 책의 서문에서 다음과 같이 쓰고 있는데, 이때는 이스라엘 국가가 생긴 지 아직 10년이 안 된 시점이었다.

"아마 이스라엘은 신의 말씀을 참으로 중하게 생각한 동방의 유일한 민족이었을 것이다. (…) 이 민족은 (…) 수천 년 동안의 부름들에 어떤 치열한 합리주의를 결합시키고 있다. (…) 신으로 인해 피폐한 그 백성은 정의로 인해서도 거의 못지않게 피폐해 있으며, 이것을 망각하고 싶지 않을 때 국가 이성을 발견하고 있다. (…) 성서가 없는 이스라엘 국가, 신적인 것까지 끌어들이는 변모 속에서 성서가 겪는 것 없는 이스라엘 국가는 존재하지 않는다."[45]

---

44) *Ibid.*

사르트르는 이보다 앞서 인용된 글에서 이스라엘 국가에 대해 이야기하지 않지만, 대문자 이름을 의미하는 **하셈**(Hashem)이라 불리는 유일신과 이 민족이 유지하는 관계라는 본보기에 대한 말로의 언급은 사르트르의 언급과 놀랍도록 동일한 음조이다. 말로의 경우에 덜 동요적인 것이 사르트르의 경우에는 보다 동요적이다. 그러니까 두 사람 모두 우리가 레비나스가 당연히 그렇게 부르듯이, 우리가 '성스러운' 역사라 부르고자 하는 것을 고찰했던 것이다.

베니 레비와의 대화

레비나스와 함께 성스러운 역사를 상기시키는 일은 사르트르가 베니 레비와의 대담에서 유대인의 '형이상학적 성격'이라 부르는 것을 드러내는 것이다. 이 형이상학적 성격은 본성상 종교적·초월적 성격과 분리될 수 없다. 유대인과 신을 연결하는 성격이라고 과감하게 말하자.

우리는 지금 사르트르-레비나스 대화의 혜안, 헤겔에 대한 근본적인 비판인 그 혜안과 접하고 있음을 잘 알고 있다. 레비나스는 사르트르에 할애된 세 개의 텍스트 가운데 하나에서 이렇게 쓰고 있다. "어떤 유대교적인 역사가 있다면 헤겔은 진실하지 않다. 그런데 어떤 유대교적인 역사가 있다(…)." 그리고

---

45) *Israël*, Nicolas Lazar의 텍스트 선별 및 Izis의 삽화, Lausanne, Clairfontaine, 1956.

레비나스는 이렇게 덧붙인다.

"유대 민족의 역사에서 지상에 유대 국가를 세우겠다는 희망은 언제나 본질적이었다. 이 역사가 헤겔의 논리가 구축한 최고의 장엄한 건축물을 사르트르의 두뇌 속에서 의심받게 할 수 있었다는 것이 의미하는 바는 문제의 국가가 순전히 정치적인 역사, 다시 말해 정복자들과 오만한 자들이 쓰는 역사로 통하는 게 아니라는 것이다. 그리고 동시에 그것이 의미하는 것은 그런 국가 수립 계획이 민족주의적인 배타주의를 뜻하기는커녕 인간의 난해한 인간성이 지닌 가능성들 가운데 하나라는 점이다."[46]

이 인용문은 유대인의 운명이 결국 인류에게 제시되는 길들 가운데 하나라는 위엄 있는 전개가 아니라 사르트르가 베니 레비와의 대화에서 표현한 사유의 연장이다. 사르트르는 레비나스처럼 유대인의 운명을 하나의 보편적 패러다임으로 이해한 것인가?

《유대인 문제에 대한 고찰》의 저자는 제2차 세계대전 직후부터 유대인이 어떤 고유한 본질이 있음에 이의를 제기했다. 그런데 그의 사유가 참으로 달라졌지 않은가! 《합류》지에 〈유대인이라는 것〉[47]이라는 제목으로 실린 1947년의 한 텍스트에서 레비나스는 젊은 사르트르가 그러한 본질에 이의를 제기할 수

---

46) "Un langage qui nous est familier," in *Les Imprévues de l'histoire*, *op. cit.*, p.128-133.

47) *Confluences* n° 15-17, 1947, "Bilan juif," Jacques Calmy(dir.). *Les Cahiers d'études lévinassiennes* n° 1, Jérusalem(diffusion Verdier), 2002, p.99-106에서 재인용. 강조는 레비나스가 한 것임.

있다는 것을 이해하면서, 최후의 사르트르는 유대인 존재의 복잡성에 깊이 있게 개방될 수 있으리라고 30년이나 앞서 어떤 의미에서 예견하고 있었다. 그는 이렇게 쓰고 있다.

"따라서 유대인 사태가 그 본질이 미결정되어 있고 사르트르의 도식에 따라 하나를 선택하도록 부름을 받은 채, 적나라하게 존재하고 있다는 게 여전히 맞는다면, 이 사태는 그것의 사실성 자체로 볼 때 선택 없이는 생각할 수 없다. **그러나 그게 그런 것이 아닌 이유는 사람들이 그것을 성스러운 역사로 가득 채웠기 때문이다. 그것이 성스러운 역사와 관련되는 것은 그것이 그처럼 하나의 사태이기 때문이다.**

달리 말하면, 유대인은 세계 속에 종교적 사건의 진입 자체이다. 보다 잘 말하면 유대인은 종교 없는 세계의 불가능성 자체이다."

나는 사르트르가 이 대목을 언젠가 읽었는지 모른다. 그러나 그가 베니 레비와의 대화 이후에 이 대목을 발견했더라면 가장 먼저 놀랐을 것이다. 마치 그가 성스러운 역사의 관념과 불가분하게, 그것도 여기서 레비나스가 언급하는 것과 같은 그런 관념과 불가분하게 유대인적 특성과 유대인 사태를 생각하는 또 다른 방식을 발견하기 시작하고 있듯이 말이다. 이 관념에 따르면 유대인은 '종교 없는 세계의 불가능성'을 자기 존재 전체를 통해 증언한다.

종교 없는 세계가 있을 수 있을지 모르지만, 지적할 게 또 하나 있다. 왜냐하면 '종교 없는 세계의 이 불가능성'은 유대교와 마찬가지로 매혹적인 힌두교에 의해서도 우리에게 제시되기 때문이다. 유대교는 종교적인 것, 성스러운 것이 이를테면 **의무적인?**——의무적이 아니라 필연적인——세계와의 본질적인 관계 자체와는 다른 성격의 무언가를 자신 안에 지니고 있다.

유대인의 조건에는 어떤 뛰어넘을 수 없는 경험이 있는 것 같다. 우리는 이것을 레비나스처럼 말하면 엄밀한 의미에서 인간의 **무조건**(incondition)이라 부를 수 있을 것이다. 여기서 우리는 레비나스의 짧지만 중요한 그 텍스트로 마지막으로 되돌아가고자 한다. 그 속에서 그는 유대인의 타자성이 지닌 본질——이 본질이 그가 말하고 있듯이 '사실 · 인격 · 자유로서의 인간 조건의 완성'이라 할 수 있는 범위 내에서——을 도도한 힘과 문체로 몇 페이지에 걸쳐 분석하고 있다.

《유대인 문제에 대한 고찰》이 처음 출간된 다음해인 1947년에 씌어진 다음과 같은 글을 보자.

"그리고 그[유대인]의 모든 독창성은 기원 없이 단순히 존재하는 세계와 단절하는 데 있다. 그는 사르트르가 깨달을 수 없는 차원에 단번에 머문다. 그가 그런 차원에 머무는 것은 신학적인 이유들 때문이 아니라 경험상의 이유들 때문이다. 그의 신학은 그것의 사실성을 명료하게 해준다.

구체적으로 말해 각각의 유대인은 그가 느끼는 형이상학적으로 존재한다는 감정 속에서 이 차원을 체험한다."[48]

그렇다! 말년의 사르트르가 유대인의 삶을 '깨닫지' 못했을 수 있지만 형이상학적으로 이해할 수 있었다는 점은 부정할 수

---

48) *Ibid.*, p.105.

없다.

두 철학자 사이의 이와 같은 접근이 분명 너무 제한적이긴 하지만, 결론을 내리기 위해 우리는 이와 같은 새로운 사유로 되돌아가고자 한다. 따라서 사르트르가 1947년의 레비나스에게 베니 레비를 통해 대답하는 것 같은 그 신학-정치적 고찰을 다시 읽어보자. 그는 역사에 대한 유대교의 이론 및 '이 세계의 종말'을 죽은 자들의 부활과 병치시키고 있다.

시간의 종말에 대한 유대교의 견해는 사실 새로운 천지창조와 때때로 연결되고 있으며, 세계의 구원을 예고하는 메시아 신앙을 통해 함양되고 있다. 이 구원은 인류 전체가 살아 있는 신을 인정함으로써, 따라서 유대인들이 구원의 구도(構圖)에서 실질적으로 신의 사자(使者)라는 사실을 인정함으로써 촉발될 것이다. 대속의 시간은 인간성의 사회적 회복, 보다 정확히 말하면 세계의 **샬롬화**(shalomisation)[49]와 분리될 수 없고, 인간들 사이의 평화와 형제애가 매순간, 매일, 매일 저녁에 더 이상 부정되지 않는 그런 세계와 불가분의 관계에 있다.

모든 이스라엘 백성과 나란히──왜냐하면 탈무드가 〈산헤드린〉 편[50]에서 말하고 있듯이 "모든 이스라엘 백성은 미래의 세계에 참여하기(Kol Israël yesh lahem 'héleq le'olam habah)" 때문이다──제(諸)민족들의 모든 정의로운 자들(Tzadiqé oumot ha'olam)이 함께할 것이다.

---

49) 히브리어 샬롬(shalom)에서 나온 말로, 보통 안녕처럼 인사말로 쓰이지만 그 의미는 내적·외적 평화, 질서·정의·조화를 함축한다. 〔역주〕

50) *Talmud Babli, Sanhédrin*, Jérusalem, Steinsalz, Israël Institute for Talmudic Publications; 1982, p.90a.

사르트르의 마음에 드는 것은 한편으로 유대교의 견해 따르면, 죽은 자들이 최후의 구원을 기다리는 가운데 죽어 있는 것 이외의 다른 운명이 없다는 그 관념이고, 다른 한편으로 하늘의 예루살렘이 유대교적보다는 기독교적 표현을 쓰자면 이 세계 속에, 이 인류 속에 구현된다는 점이다. 물론 이 인류는 구원받고, 속죄받은 인류이다. 또한 메시아의 시대가 열리는 것은 지구와 화성 사이에 있는 광대한 하늘 어딘가가 아니라, 이 구체적인 대지에서이다. 그 안에서 세상의 모든 증오, 모든 폭력의 두 씨앗인 무지와 욕망은 보편적인 **샬롬**으로 대체될 것이다.

3
죽음과 타자 혹은 앙드레 말로와의 대화

죽음이란 무엇인가? 그리고 왜 죽음이 있는가?라는 두 질문에 아마 불교를 제외하면, 그 어떠한 종교도 대답을 주지 않았고——대답을 가져다주지 못할 것이다. 왜냐하면 그것들은 본질상 대답이 없는 질문들이기 때문이다. 기독교와 힌두교는 이 두 질문에 특별히 관심을 가졌기에 무엇보다도 죽음이 천국의 삶이나 윤회를 향한 통과일 뿐이라고 말하고자 한다. 그러나 그것들은 이렇게 말함으로써 이 통과의 결코 풀리지 않는 신비를 은폐한다. 부활에 대한 믿음은 죽는다는 사실이 영혼의 혹은 뭔지-알-수-없는-것의 또 다른 삶의 형태에 이르기 위한 통과 이외에 다른 아무것도 아니라고 너무 서둘러, 따라서 너무 쉽게 말한다. 사실 어떤 불가해한 총체성, 어떤 종말——어떤 심연의 단절——이 있는데 말이다. 게다가 그토록 철저하게 상이한 기독교와 불교가 통과, 즉 또 다른 삶의 관념에 대해 어떤 면에서는 참으로 일치하고 있다는 점을 이상하게 확인할 수 있다.

신의 계시에 대한 신앙이나 어떤 믿음은 그게 어떤 것이든간에 **사후(死後)에 대한** 대답이나 보장이 되지 못한다는 점을 인정해야 하지 않은가? 죽음의 신비는 그 어떤 것도 영원한 삶에 대한 아무런 약속을 주지 못하게 한다. 카프카의 다음과 같은 질문은 매우 중요하다. "무언가 위로 불가능한 것을 생각하는 게 가능한가? 아니 보다 정확히 말하면 위로의 숨결이 없는 무언가 위로 불가능한 것을?"[51] 그러나 하늘은 절망적으로 비어 있고——위협적은 아니라 할지라도——침묵하고 있다. 《왕도》[52]의 마지막에 페르캉의 다음과 같은 외침을 기억하자. "그 어떠한 신적인 사상도, 그 어떠한 미래의 보상도, 아무것도 한 인간 존재의 종말을 정당화할 수 없었다."

그러나 죽음이 지닌 불가해한 성격의 영속성은 신앙의 부정도 아니고, 믿음이 있는 자에게 위험도 아니다. 다만 이 문제는 어떠한 신도, 어떠한 예언자도, 어떠한 메시아도 대답할 수 없다는 점을 확인해 준다. 그러나 얼마나 많은 종교들이 마치 죽음의 열쇠를 지니고 있는 것처럼 그것의 신비를 독점하는 경향을 드러내고 있는가? 우리가 죽음과 맺는 관계의 객관성 자체가 불가해성이라는 사실을 과연 누가 반박할 수 있는가? 후설은 《논리 연구》에서 이렇게 쓰고 있다. "객관성 자체가 표상에 이르고, 따라서 이를테면 주관적이 다시 될 수 있다는 것을 어떻게 이해해야 하는가?"[53]

죽음 이후에는 아무것도 없다고 공언하는 사람들에 대해서도 마찬가지이다. 여기서 나는 우리가 처음 만나던 시절에 레비나스가 나에게 말했던 다음과 같은 내용을 다시 읽고자 한다. 그것은 우리가 직면하고 있는 문제들을 힘 있게 제기하고 있다.

"단번에 사람들은 죽음은 부정이라고 말한다. 그것은 부정이 아니다. 왜냐하면 그것은 신비이기 때문이다. 사람들이 아무런

51) *Journal*, in *Œuvres complètes* III, Gallimard, coll. "Bibliothèque de la Pléiade," Marthe Robert 번역, p.441.

52) 앙드레 말로의 두번째 소설이다. 〔역주〕

53) 엠마누엘 레비나스의 번역임. In *De Dieu qui vient à l'idée*, Vrin, coll. "Bibliothèque des textes philosophiques," 1992, p.42.

사후 생존이나 부활에 대해 아무런 희망도 제시하지 않는 것은 죽음 이후에 삶이 없기 때문이 전혀 아니다. 부활 역시 죽음이 아무것도 아니라고 너무 쉽게 말한다. 우리는 죽음이 무엇인지 모른다. 왜냐하면 특히 그것은 신비이기 때문이다. 죽음에 대해 이야기한다는 것은 모든 논리를 단념하는 것이다. 우리가 죽는다는 사실이 단순히 문제되는 게 아니다. 우리가 죽음을 한정짓고자 동원하는 모든 논리적 형식들은 우리가 기술하고자 하는 사건 속으로 사라져 버린다."

문제는 진정한 신앙이 죽음이 제기하는 질문들의 객관성과 양립하는지 아는 것이다. 고유한 진리들을 품고 있고 따라서 본질적으로 주관적인 계시 종교들의 신앙이 대개의 경우 무신론자들이나 불가지론자들과 같은 회의주의자들의 지극히 작은 확신들에도 대답할 수 없다. 《라자로》에서 말로는 죽음의 결코 풀리지 않는 신비에 대해, 달리 말하면 그것의 수수께끼에 대한 어떤 설명이 있을 수 있는지 아는 문제에 대해 성찰한다. "계시는 아무것도 계시될 수 없다는 것이다."[54] 그렇다면 그는 이 인상적인 사유를 기술하면서 무엇을 생각했는가? 책의 맥락으로 볼 때 그는 '형태도, 이름도 없는' 죽음의 사유 불가능한 영역 이외에 다른 무엇을 생각하고 있었는가? 여기서는——사람들이 믿고 싶었던 것과는 달리——그가 대문자로 썼던 종교적 계시가 문제될 수 있는 게 전혀 아니다. 그러나 우리는 추론을 좀 더 멀리 밀고 나갈 수 있고, '아무것도 계시될 수 없다'는

---

54) *Lazare*, in *Œuvres complètes* III, Gallimard, coll. "Bibliothèque de la Pléiade"(이제부터 *OC* III로 표기하겠음), p.877.

말이 이미 죽음에 대한 어떤 계시의 시작이라고 단언할 수 있지 않을까? 계시할 게 아무것도 없다는 역설적 계시 말이다.

죽음의 문제가 우리에게 강요하는 객관성은 벌어진 틈처럼 주관성에 내재하거나 내재할 수밖에 없을 것이다. 죽음은 본질상 존재 · 연속성 · 의식의 파열이고 단절이며, 시간의 종말이다. 죽음 그 자체는 사유 불가능하고, 이것이 객관성이며, 이 객관성을 통해 우리는 우리로 하여금 신앙의 사변을 한순간 쫓아내지 않을 수 없게 만드는 그 사유 불가능함을 받아들이고자 애쓴다. 죽음은 암묵적인 것에 대한 관념을 타도하는 근원적인 반박이다. 오로지 암묵적인 것이 없는 대화를 토대로 우리는 서로에 대한 이해를 시작할 수 있을 것이다. 우리는 죽음에 대해서보다 신에 대해서 더 많이 알고 있는가? 이것이 상대성의 문제——신앙의 문제가 아니라, 신자들로 하여금 자신들이 모든 진리를 지니고 있다고 너무도 자주 믿게 만드는 감정의 문제——이다. "신에 대해 우리는 아무것도 모른다. 그러나 이 비지식은 신에 대한 비지식이다. 그것은 그 자체로 신에 대한 우리 지식의 시작이다"라고 1918년에 프란츠 로젠츠바이크는 쓰면서 《대속의 별》[55] 제1권을 시작하고 있다. 우리는 특히 총체성의 종말과 관련해 이 책이 레비나스에게 토대적 중요성을 지녔음을 알고 있다. 이러한 명제는 유신론자들과 불가지론자들 혹은 무신론자들 사이에 우애적인 대화의 실현을 주재하는 비암묵적인 것의 개념을 위한 토대와 같다. "죽음에 대해 우리는 아무것도 알지 못한다. 그 자체로 이 비지식은 죽음에 대한

---

55) Le Seuil, 1982 et 2003, Alexandre Derczanski et Jean-Louis Schlegel 독일어 원전 번역.

우리 지식의 시작이다." 로젠츠바이크의 말은 "계시는 아무것도 계시될 수 없다"는 죽음의 절대적 수수께끼에 대한 말로의 저 사유와 어떤 연관이 있지 않은가?

엠마누엘 레비나스는 소르본에서 〈죽음과 시간〉이라는 제목으로 행한 마지막 학구적 강의(1975-1976)에서, 죽음에 대한 매우 인상적인 분석을 제시한다.[56]

레비나스가 카프카에 할애한 흔치 않은 언급들이 입증하듯이, 이 작가에 대한 그의 침묵 뒤에는 작가에 대해 더 이상 말할 수 없는 그 불가능성에 이르기까지 어떤 인접성이 존재한다는 점을 나는 앞의 장(章)에서 보여주고자 했다. 그렇다면, 말로가 카프카를 상기시킬 수 없는 그 근본적 불가능성 속에는 한편으로 이 프라하의 천재가 포착하는 식의 세계의 부조리와, 다른 한편으로 이 부조리를 설명하는 거의 신비적인 방식과 어떤 말할 수 없는 관계가 역시 있지 않았겠는가?

《내면 일기》에서 이 유대인 작가는 이렇게 적고 있다. "네가 죽게 된다면, 그것은 이것을 의미한다. 즉 지식은 영원한 삶으로 이끄는 정도(程度)이자 이 삶 앞에 세워진 장애물이다."[57] 그렇다면 비계시의 관념과 아무것도 계시될 수 없다는 관념 사이에 모순이 있는 것일까? 여기서 단순히 어떤 예변법을 말하고자 하는 게 아니다. 인용문의 궁극적 의미는 우리에게 충격을 주고 우리를 넘어서고 있다. 《라자로》의 사유는 그것의 형이상학적 혹은 비신학적인 성채 속에서까지 말로가 그 어떤 다른

---

56) Cf. *Dieu, la Mort et les Autres*, *op. cit.*
57) *OC* III, *op. cit.*, p.469. 번역을 아주 조금 수정했음.

것도 아니고 죽음과 관계할 때 독자가 신자이든 아니든 그를 한없이 놀라게 하고 그에게 질문한다. 독자는 그가 불가지론자로서 이런 말을 쓰기를 기대할 수도 있었을 것이다: "계시는 아무것도 계시할 게 없다는 것이다." 그런데 우리가 언급했듯이, 그는 아무것도 계시될 수 없다고 쓰고 있다. 우리는 이 텍스트와 함께 궁지라고는 말하지 않는다 해도 어떤 문제 제기에서 동일한 차원에 있는 게 아닌가? 왜냐하면 그의 말은 계시될 수 없는 무언가가 계시되어야 한다는 것을 역설적으로 의미할 수 있기 때문이다. 이러한 문제 제기는 카프카의 것과 접근된다. '내가─무엇인지─알─수─없는' 것이 풀 수 없는 수수께끼의 죽음에 속한다면, 이게 의미하는 바는 그것이 죽음에만 속한다는 것인가? 아니면 말로의 사유 속에는──마치 죽음의 궁극적 비밀은 비밀이 없다는 것이듯이──유토피아의 유일한 영역에 속하는 것이 아닌 어떤 계시 가능성이 있었다는 것일까? 설령 이것이 이 가능성의 전제에 불과하다 할지라도 말이다. 우리는 '인간을 벗어나는 것,' 달리 말하면 "인간의 인식이 어떻게 할 수 없는 것,"[58] 어떤 초월의 고유한 영역 속에 있다.

확실한 것은 말로가 불가지론자라는 사실과 무신론자라는 사실 사이에 심층적인 차이를 나타냈다는 것이며, 이 차이는 불가지론자라는 사실을 믿음과 이를테면 지적으로 동등한 것으로 위치시켰다. 불가지론은 어떤 계시 가능성을 단번에 부정하는 것이 아니라 그 가능성에 사로잡힌 적이 없었다는 것을 인정한다는 의미에서 말이다. 말로는 이렇게 말했다.

---

58) André Malraux, in *Métamorphoses du regard*, Clovis Prevost의 방송 (Aimé Maeght, INA, 1974).

"나는 불가지론자이다라고 말하는 것은 절대적인 초월에 대한 이해와 인간의 사유 사이에 연관 가능성이 없다는 점이다. 그것은 내가 무신론자라고 말하는 게 절대 아니다. 왜냐하면 나는 무신론자이다라고 말하는 것은 초월은 허위이다, 그것은 존재하지 않는다라는 것을 의미하기 때문이다. 나는 초월이 근본적으로 존재한다고 생각하며, 인간들은 매우 다양하고 필연적으로 종교적인 초월과의 관계를 통해서만 인간이라고 본다. 그런데 인류의 위대한 인물들은 모두가 어떤 초월과 연결되어 있다."[59]

레비나스가 이 언급을 알았더라면, 《인간의 조건》의 저자와 어떤 인접성을 느끼지 않았겠는가? 그는 말로와 '타자를 위해 죽을 수 있다'는 생각을——하나의 관념 훨씬 이상으로!—— 매우 강력하게 공유했다. 이 언급은 말로가 칸트적인 용어로 말한다면 실체로서의 불가지론에 대해 지녔던 '경험적 통각'의 본질이다. 1974년에 그는 다시 한번 이 문제에 대한 자신의 깊은 사유를 분명히 드러낸다.

"나는 인식의 본질과 초월의 사태 사이에 절대적인 단절이 있다고 생각한다. 이것은 내가 절대적으로 불가지론자라는 의미이다. 성 토마스 같으면 이런 말을 할 텐데, 바로 그런 말의 의미에서 말이다: '종교는 믿음을 통해서만 존재한다.' 따라서 당신이 신앙이 있으면 당신은 믿음이 있는 것이다. 당신이 신앙이 없으면 합리적인 모든 시도는 실패할 수밖에 없다고 나는 생각한다. 초월의 질서는 지성의 질서에 속하지 않는다."[60]

---

59) *La Légende du siècle*, 텔레비전 방송 시리즈.

죽음이 신비라는 사실을 누가 부인하겠는가? 그러나 아무도 그것이 생물학적 삶과 불가분의 관계에 있다는 점을 의심하지 않는다. 그럼으로써 죽음은 보다 수용 가능해지는가? 말로에게 불가지론이 받아들여졌다는 사실은 그가 무(無)를 믿었다는 것을 의미하는 게 전혀 아니다. 그 반대로 그는 이 무에 죽음의 사유 불가능함을 대립시켰고, 불가지론은 '신앙이 드러내는 힘만큼 힘 있게 이 사유 불가능한 것'을 느낄 수 있다고 생각했다. 레비나스의 경우에서 우리는 이와 같은 동일한 생각을 다시 만나는데, 그 생각에 따르면 "죽음은 무와 동일한 게 아니다. 따라서 인간답다는 것은 죽-어-가-지 않는 방식이다."[61] 그러나 그 이유는 전혀 다르다.

언젠가 내가 다른 모든 의문들에 앞서고 그것들을 유발하는 전형적인 의문으로서의 죽음에 대해 질문했을 때, 레비나스가 준 다음과 같은 답변이 생각난다. "내가 죽음은 무가 아니다라고 말할 때 이것은 존재와 무 사이의 대립을 의미하는 게 전혀 아니다. 배제된 제3의 무언가가 있기 때문이 아니라, 마치 배제된 제3의 무언가가 있는 것처럼 말이다. 무를 생각하는 것과 존재하지 않는다는 것은 동일한 게 아니다."

레비나스에 따르면 이 의문에는 "존재함과 존재하지 않음이 죽음 속에서 결코 해결되지 않는 둘 사이의 양자택일"이 있다. "그러나 분명 그 이상이 있다. 즉 (…) 이 양자택일과 배제되고

---

60) France inter, Jacques Chancel의 라디오스코피 방송 프로그램, 7 mars 1974.

61) *Dieu, la Mort et le Temps*, Le Livre de Poche, coll. "Biblio essais," p.66.

사유 불가능한 제3의 어떤 것 사이의 양자택일이 있지만, 바로 이 제3의 것을 통해 죽음은 신비가 되며 미지의 저쪽에 있다."[62]

말로는 《혼돈의 거울》을 마감하는 《라자로》의 끝에서 두번째 페이지에서, 미래에 "최후의 예언자가 마침내 자신의 목소리에 귀를 기울일 준비가 된 사람들 앞에서 무는 없다!고 죽어라고 외치게 된다면" 어떤 일이 벌어질까 자문한다. 그가 여기서 자신의 동시대인들과 특히 미래 세대들로 하여금 벗어나게 하려고 시도한 게 이와 같은 문제 제기였던가?

무는 없다!는 이 부르짖음은 레비나스와의 부정할 수 없는 사상적 인접성을 나타낸다. 레비나스가 히브리어 텍스트들과 유대교회의 전통에 아무리 충실하다 할지라도, 이런 집착 때문에 일부 사람들이 그에게서 어떤 불가지론적 종교 정신을 예감할 수 없는 것은 아니다. 한편 말로는 종교적인 불가지론적 정신의 소유자이다. '인식할 수 없는' 이라는 용어에 대한 그의 정의를 우리가 망각할 수 있었겠는가? 이 용어는 "결코 도달되지 않은 앎을 은밀하게 암시하지만 우리의 지식을 연장한다 할 것이다."[63] 무슨 말인가?

어떤 사람들은 말로의 작품에서 죽음의 엄청난 노래를 볼 수 있었다. 그런데 사실 반대로 그의 작품은 삶의 신비, '최초의 어린아이가 띤 최초의 미소' 의 신비에 바치는 무궁한 노래이다. 죽음에 대한 강박관념은 삶에 대한 강박관념의 이면으로 이해되어야 한다. 그는 75세가 되었을 무렵 《불안정한 인간과 문학》에서 이렇게 쓰고 있다. "죽음은 결코 풀리지 않는 신비

---

62) "Amour et révélation," in *La Charité aujourd'hui*, Éd. SOS, 1981, p.142.

63) *OC* III, p.874.

이다. 삶은 기괴한 신비이다." 두 신비는 의미에 대한 동일한 탐구에서 합류한다. 그의 작품 전체가 그렇게 되어 있다. 언제 어디서나 존재하는 죽음을 상기시킨다는 것은 말로에게 삶을 보다 찬양하기 위해 지독한 자극제처럼 사용되는 수단이다. 왜냐하면 밤의 왕국, 어둠의 신비를 심화시킴으로써만 삶은 기적의 환원 불가능한 차원을 띠기 때문이다.

삶의 현현

레비나스의 경우 산다는 것의 끊임없는 정당화 문제가 있다. 산다는 것은 6백만 명의 죽은 자들 가운데 살아남았다는 '정당화되지 않은 특권'을 가장 깊은 내면 의식에 지니고 있기 때문에 비극적이 되고 있다. "존재한다는 것은 정당한가?" 물론 말로의 경우에는 이와 같이 집요하게 괴롭히는 비극적 질문은 없다. 설령 그의 작품의 심층에 삶의 정당화 문제가 있다 할지라도 말이다. 하지만 《인간의 조건》에서 기요가 구현하는 다음과 같은 질문이 있다. "어떤 삶을 위해 죽기를 받아들이지 않을 때, 그런 삶은 무슨 가치가 있단 말인가?"[64] 그러나 한편 그의 인물들과 그 자신은 존재한다는 사실 앞에서 본원적으로 느끼는 그 아연실색의 감정을 알고 있다. 이 감정은 죽음에 가까이 간 후 삶으로 되돌아온 그 순간들에 이 사실의 매혹을 설명한다. 그는 친구인 기장 코르니글리옹 몰리니에와 함께 1934년 사바 여왕의 수도를 찾기 위해 비행기를 타고 떠났던 원정

64) Gallimard, coll. "Folio," p.304.

에서 돌아올 때 태풍을 만났고, 1940년에는 전차를 타고 구덩이에 빠졌다가 사투 끝에 올라오는 일을 경험했으며, 1972년에는 《라자로》에서 언급되는 중병을 앓은 적이 있었다. 말로는 삶으로의 이와 같은 회귀들을 성서적 시대의 회상들처럼 옮겨 적고 있다. 이 성서적 시대는 최초의 아담, 다시 말해 최초의 인간이 '최초 어린아이가 띤 최초 미소'를 응시할 수 있었던 에덴동산과 동시대적이다. 모든 것이 우리에게 최초로 나타나는 이 시대는 창세기의 시대인데, 이 점은 훌륭하게 제시된 바 있다.[65] 삶으로의 회귀들 각각은 모두가 유일한 재–시작의 반복인데, 이 회귀 때마다 신의 계시와 유사한 의미 속에서 삶을 계시하는 것은 신의 말씀이 아니라 인간 얼굴의 현현이고 인간성의 흔적, 제아무리 작은 것이라 해도 그 흔적이다. 불가지론자 말로와 실천적 신앙인 레비나스는 두 사람 모두에게 근본적인 하나의 낱말, 즉 '현현'이라는 낱말을 통해 다시 만난다. 대지로의 매번 회귀는 말로에게 하나의 현현이었고, 레비나스의 모든 윤리철학은 '얼굴의 현현'을 토대로 성립되어 있다.

《혼돈의 거울》의 마지막에는 다음과 같은 하나의 문단, 우리가 말할 수 있는 최소한 절대적으로 중요한 문단이 있다.

"사람들이 쓴 글에 따르면, 나의 기억은——태풍이나 전차 구덩이를 만나 이후, 비스와 강·스페인·항독 운동의 시절들,[66] 이 시점들은 현현의 역할을 했다——대지로의 회귀에 멈추고 있다. 죽음의 무지를 의식으로 바꾸는 변모나 모든 지식을 믿음

---

65) Sergio Villani, "Malraux-Israël: retour à la Genèse." 1996년 파리 소르본에서 열린 말로 서거 20주년 기념 학술대회에서 발표되었으나 미간된 글임.

으로 바꾸는 변모는 현현들과 유사하지 않은가? 처방제들을 가져오기 위해 대지 밖으로 떠난 나의 방황 역시 어둠의 현현이다. 계시는 아무것도 계시될 수 없다는 것이다. 사유 불가능한 것의 미지의 영역은 형태도 이름도 없다."[67]

《라자로》는 말로가 '현현'이라는 낱말을 사용한 첫번째 책인가?

살페트리에르 병원에 입원하기[68] 이전에 일어난 그 모든 "삶으로의 회귀들"은 이를테면 빛의 현현의 자국을 남기고 있다. 이 현현들 각각은 말로가 자신의 운명을 지배했던 바로 그때 직접 체험한 경험들로부터 온다. 한편 《라자로》의 경험은 수동적으로 겪은 것이다. 왜냐하면 처음으로 죽음의 다가옴이 더이상 외부 현상으로부터 온 게 아니라 내부로부터 왔기 때문이다. 여기선 오로지 의학과 생물학만이 효력을 발휘한다. 죽음의 다가옴에 대한 기억 속에서 집필된 이 책에서 우리는 '현현의 역할'을 하는 것은 바로 '지상으로의 회귀들'이라는 점을 주저 없이 이해한다. 《총체성과 무한》에서부터 그의 마지막 책들 가운데 하나인 《타자성과 초월》에 이르기까지 엠마누엘 레비나스는 알지도 원하지도 않은 채, 라자로적인 이미지를 비추

___

66) 비스와 강의 시점은 제1차 세계대전중 1916년 폴란드의 비스와 강 유역의 볼가코 계곡에서 독일군이 러시아군에 비인간적인 화학전(가스 공격)을 감행한 것을 암시한다. 말로의 《알튼부르그의 호두나무》에서부터 중요한 소재가 되었다. 스페인의 시점은 말로가 용병들을 중심으로 한 민간 항공대를 직접 조직해 전투에 참여한 사실을 상기하고, 항독 운동의 시점 역시 그의 제2차 세계대전 참전을 환기시킨다. [역주]

67) *Lazare, op. cit.*, p.877.

68) 말로는 1972년에 이 병원에 입원하여 경험한 것을 바탕으로 병상일기라 할 수 있는 《라자로》를 그 다음해에 내놓았다. [역주]

고 있는 것일까?

우리는 두 인물의 개별적 사상을 잘못 이해하거나 혹은 더 고약하지만 일반화한 것일까? 내가 말로가 통과한 근본적 경험으로부터 나타나는 것으로서 보고자 시도한 것은 하나의 윤리이다. 윤리철학자 레비나스는 "인간들에게 자신 안에 있는 위대함을 의식하도록" 해주고자 했던 작가와 이 글에서 인생을 넘어서 만나고 있는데, 이 점은 중요성이 없지 않다. 설령 그들이 몇몇 용어들을 중심으로 만나고 있다 할지라도 말이다. 그러나 이 만남이 깊은 사유의 절정에 위치하고 있다는 것만은 최소한 인정하자. 왜냐하면 문제의 용어들은 우리가 멈추지 않고는 그 곁을 지나갈 수 없을 정도로 날카롭다. 이처럼 개략적으로 시도한 대화가 이루어질 수 있기 위해서 물론 필요했던 것은 내가 앙드레 말로 이후에 엠마누엘 레비나스라는 이 예외적 스승을 알아야 하는 일이었다. 레비나스는 두번째 천년이 마감되는 시점에서 철학과 사상의 등대들 가운데 하나였다——그의 천재성은 죄의식에 긍정적 의미를 부여하고 있다는 것이었고, 윤리학을 철학의 한 분과가 아니라 제1철학으로 만들고 있다는 것이었다.

《총체성과 무한》의 다음과 같은 대목에 접근해 보자. "얼굴로서 얼굴의 현현은 (…) 나를 바라보는 두 눈 속으로 인간성을 개방시켜 준다. (…) 얼굴의 현현은 윤리적이다."[69] 그리고 《존재와 다르게 또는 존재사건을 넘어서》의 이런 대목도 읽어보자. "계시의 초월은 '현현'이 이것을 받아들이는 사람의 말 속에 온다는 사실과 관련된다."[70]

---

69) *Totalité et infini*, *op. cit.*, p.234-235 et 218.

이상과 같은 두 인용은 레비나스가 현현을 끌어올리는 높이를 보여주고 있다. 현현은 어떤 나타남 이상을 말한다. 그것은 그가 또한 말하듯이, 무한을 '드러낸다/계시한다'는 점에서 신적 계시와 유사하다. '얼굴의 현현'을 통해서 레비나스는 단순히 인격을 그 자체로 바라보는 게 아니다. 왜냐하면 그는 인간의 얼굴이 인간성과 무한의 흔적 및 반영을 지니고 있다는 것을 알기 때문이다.

오늘날 기념관으로 변모된 나치의 강제수용소와 캄보디아 뚜얼 슬렝의 처형센터[71]에서,——아마 훗날에는 르완다와 유고슬라비아의 그런 곳들에서——사진으로 찍혀 관객의 눈앞에 전시된 각각의 얼굴은 많은 경우 흔적도 남지 않은 수십명, 나아가 수십만 명의 희생자들을 대표한다. 바로 이와 같은 의미에서 또한 인간 각각의 얼굴은 세계의 현전성을 지니고 있다. 레비나스의 형이상학에서는 출발점에 얼굴이 있고, 이 얼굴은 하나의 윤리적인 언어와 불가분의 관계에 있다.

레비나스에게 "얼굴로서 얼굴의 현현이 인간성을 개방시켜준다"면, 전차 구덩이에서 빠져나올 때 삶의 현현 역시 말로를 인간성에 개방시켜 준다. 따라서 우리는 틈새를 헛되이 열지는 않았다 할 것이다.

《알튼부르그의 호두나무》의 놀라운 마지막 페이지들이 소설들과 맺는 관계는 《침묵의 소리》의 마지막 페이지들 및 《초시간의 세계》의 마지막 페이지가 예술에 관한 책들과 맺는 관계와 같다. 이 마지막 페이지들은 베토벤의 《교향곡 제9번》에서

---

70) *Autrement qu'être*… *op. cit.*, p.234.
71) 크메르 루즈의 잔혹상이 드러난 곳이다. [역주]

〈환희에 부쳐〉혹은 브람스의 《교향곡 제1번》 제1악장과 어떤 공통적인 것이 있다.

격렬하고 들끓는 스타일이 거의 성서적인 우주적 이미지들과 결합되어 있으며, 이 이미지들 속에서 대지, 하늘 그리고 자연의 원소들 각각이 악보의 일부분을 점유하고 있다. 그 스타일은 인간이 자신이 죽을 것이라는 사실을 깨닫기 이전에, 어쩌면 우리가 꿈꾸는 에덴동산에서 벌어진다 할 원초적인 불안과 역시 시원적인 환희 사이의 싸움이며, 전자가 후자를 앞서 나온다. 말로가 《알튼부르그의 호두나무》에서 대지로의 회귀를 말하기 위해 사용하는 언어는 강력한 종교적 감정으로 넘쳐난다. "그러나 오늘 아침 나는 탄생에 불과하다. (…) 벌써 밤으로부터 기적적인 계시처럼 날이 밝아오고 있다. (…) 오늘 아침 처음으로 나에게 계시된 삶은 암흑만큼이나 강하고 죽음만큼이나 강하다……."

이와 같은 결정적인 경험의 결과, 곧 삶이 지닌 빛의 그 계시는 다소 그 원인, 다시 말해 구덩이 속으로의 추락을 퇴색시킨다. 말로가 이런 경험을 드러내기 위해 이보다 더 멀리 나간 적은 흔치 않았다 할 것이다. 그는 우회하지 않고 이렇게 쓰고 있다. "나는 구덩이의 그 공포가 거의 기억나지 않는다. 내가 내 안에 지니고 있는 것은 어떤 단순하고 신성한 비밀의 발견이다. 아마 그렇게 신은 최초의 인간을 바라보았으리라……."[72]

다시 살아났다는 그의 강력한 느낌, 영혼의 진정한 그 체감(體感)은 '아침의 눈부신 비밀 속에서' 대지의 부활을 부른다. 이 텍스트에는 어떤 초월의 강렬한 감동이 있지만, 그것은 신

---

72) *Les Noyers de l'Altenburg*, in *OC* II, p.765-766.

의 말씀이 아니다. 그것은 말로가 인정하는 은밀한 인간성의 현현이다. 이 현현은 그에게 "태초에 신이 하늘과 땅을 창조하셨다"를 계시해 주는 게 아니라 태초에 엘로킴[73]이 창조하셨다"[74]를 계시한다. 이렇게 여기서도 다시 한번 레비나스와의 어떤 강력한 동조(同調)가 세월의 시작 그 이전을 통해, 다시 말해 이브가 나체가 아니라 하나의 얼굴로서 아담 앞에 있는 그 성서적 여명을 통해 나타나고 있다.

"오직 얼굴만이 초월을 나타낼 수 있다. 그것은 신의 존재에 대한 입증을 제시하는 게 아니라 신이라는 이 낱말과 그의 최초 언표가 지닌 의미 작용의 피할 수 없는 상황을 제시하는 것이다.
최초의 기도, 최초의 예배의식이 지닌 [의미 작용의 그 피할 수 없는 상황을] 초월은 불평등한 것의 사유가 사유되는 타자에 대한 책임의 윤리적 상황과 불가분의 관계이다. (…) 그러나 양도할 수 없는 책임, 그것은 나라는 그것의 유일성을 얼굴의 현현에서 획득한다(…)."[75]

《알튼부르그의 호두나무》의 마지막 전체는 '최초의 예배의식' 같은 분명한 특성을 지니고 있으며, 얼굴의 현현에는 말로가 그 '성서적 여명'에서 느끼거나 예감했던 계시의 중심에 있다는 것을 우리가 어떻게 부정할 수 있겠는가? 이 마지막 부분

---

73) 엘로킴(Elokim)은 토라에서 하느님을 지칭하기 위해 사용된다. 이 이름은 세상의 분리되고 자율적인 모든 것들이 만물의 지배자인 신을 통해 하나가 된다는 의미를 함축한다. [역주]

74) Cf. Jean Zaklad, *Pour une éthique*, Lagrasse, Verdier, 1979.

75) *Hors sujet*, Le Livre de Poche, coll. "Biblio essais," 1997, p.130.

보다 약간 앞부분에서 그에게 아직 본질적인 것으로 생각되었던 것이 흔들리고, 거부할 수 없는 윤리적 감정이 그에게 상기되기 위해선 아주 사소한 것으로 충분하다: "어렴풋한 미소와 함께 인간의 신비가 다시 나타나기라도 하면, 대지의 부활은 가볍게 떨리는 장식에 불과하다."[76] 말로가 되돌아가는 것은 언제나 인간의 신비이다. 왜냐하면 세계, 삶, 신까지도 결국은 인간의 문제이기 때문이다. 삶을 재발견한다는 것이 인간을 재발견한다는 게 아니라면 무엇이겠는가?

《라자로》는 또한 '사유 불가능한 것의 현현'이고 말로가 경험한, 죽음의 가장 특이한 다가옴이다. 왜냐하면 우리가 앞서 언급했듯이, 이 다가옴은 지배된 것이 아니라 수동적으로 겪었던 것이기 때문이다. 적이 이번엔 그의 존재 가장 깊은 곳에 웅크리고 있다가 내부로부터 오고 있었던 것이다. 죽음은 죽음 자체이기도 한 삶과 불가분의 관계에 있기에 그것을 이 내부로부터 내쫓을 수가 없다. 살페트리에르 병원의 병실에서 말로가 죽지 않고 마주하면서 보는 것은 신이 아니다. 왜냐하면 〈출애굽기〉 편(33,20)에서 모세가 하나의 시구 패러다임을 통해 우리에게 가르쳐 주듯이, 신을 본다는 것은 불가능하기 때문이다. 이스라엘의 신——예수와 마호메트의 신——은 그에게 이렇게 말했다. "너는 나의 얼굴을 보고 살지는 못할 것이다. 왜냐하면 아무도 나를 보고 나서는 살 수 없기 때문이니라." 말로가 응시하는 것은 죽음, 다시 말해 '어둠의 현현'이다. 하지만 신도 죽음도 그런 식이라는 것은 이미 탐구되지 않았던가? 즉 죽음이 초월과 부재, 나아가 '비(非)계시'에 있어서 신 자신보다

---

76) *OC* II.

더 친근하다는 점을 제외하면 말이다. 두 번에 걸쳐 그는 죽음을 진정 정면으로 보았다. 한 번은 그라마에서 총살 집행반 앞에서이고,[77] 다른 한 번은 30년 후 살페트리에르 병원에서다. 그것들은 더 이상 전혀 모의가 아니었다. 이 경험들과 비교할 때, 사바 여왕의 수도 탐사 모험에서 돌아올 때 만난 태풍과 전차 구덩이는 엄밀한 의미의 죽음과의 만남이라기보다는 죽을 것 같은 불안과의 만남이었다.

여기서 우리가 재발견해야 하는 것은 《혼돈의 거울》 마지막에 나오는 다음과 같은 중요한 문단이다. "…처방제들을 가져오기 위해 대지 밖으로 떠난 나의 방황 역시 어둠의 현현이다. 계시는 아무것도 계시될 수 없다는 것이다. 사유 불가능한 것의 미지의 영역은 형태도 이름도 없다."

계시는 무형적이고 명명될 수 없다――그리고 아무것도 계시될 수 없다――는 이 주장은 무엇을 의미하는가? 우리가 의문을 지닐 수 있듯이――넓은 의미에서――종교적인 계시를 말하는 것인가, 아니면 죽음의 유일한 영역에서 어떤 계시를, 즉 죽음에 대한 경험적인 인식은 없다는 것을 말하는 것인가? 여기서 문제되는 것은 분명 죽음이지만, 계시가 없기 때문에 몇몇 다른 사람들에게 그렇듯이 그에게 주어진 것은 '암흑의 초월적 계시'이다. 말로는 "죽음을 예고하는 그토록 대단한 깊이," 그가 《라자로》에서 말하는 그 깊이[78]를 그 이상 더 가까이서 접하지는 못한다. 그는 거기서 그가 '알지 못하는 어떤 상태'를 경험했는데, 이 상태에 대한 이야기는 미지의 영역에 입

---

77) 제2차 세계대전 당시 말로는 그라마에서 포로로 잡힌 적이 있다가 구출되었다. [역주]

78) *OC* Ⅲ, p.838.

각해 전적으로 구축된다. 전차 구덩이에서 기적적으로 살아난 자나, 사바 여왕과 관련된 탐사로부터 돌아오는 자의 서정적 표현은 더 이상 없고, 뼈대만 남은 이야기 같은 게 전개된다. 이 이야기는 그가 체험했다가 돌아온 한계 경험을 가능한 최대한 분리시킴으로써 그것의 윤곽을 가장 정확하게 그리려고 시도한다. 그 에피소드를 중심으로, 생 존 페르스가 〈어느 춘분을 위한 노래〉에서 노래한 '백연(白鉛) 마스크를 쓴 죽음'이 배회한다. 옆 병실의 환자는 죽었다. 그 한계 경험으로부터 돌아온 다음에 이어지는 것은 '끔찍한 모호한 상태'이다.

《라자로》의 가르침은 결국 거의 불교적인 감염적 평정이며, 이런 평정을 드러내면서 말로는 마지막 부분에서 죽음에 대해 이야기한다. 그의 불가지론은——우리가 보여주었듯이—— 초월에 어떠한 실체도 인정하지 않는 개념이 전혀 아니다. 그 반대이다. 그가 믿을 수 없었던 '신'은 신의 나타남이나 신의 화신이 드러내는 신성불가침을 통해서만 이해되는 신이다. 우리는 그가 엠마누엘 레비나스의 것과 같은 작품을 알았다면 품었을지도 모를 관심을 짐작해 볼 수 있다. 두 인물의 작품 사이의 어떤 수렴점을 드러내고자 하는 이러한 시도——나아가 이러한 유혹——는 최근에 여러 사상가들을 사로잡았다.[79]

신에 대한 레비나스의 사유는 불가지론적이고 비종교적인 사유이거나, 아니면 그 반대로 성스러움에 토대한 탈신성불가

---

79) 예컨대 Marie-Hélène Boblet-Viart(*Roman 20-50*, *Revue d'étude du roman du XXᵉ siècle*, spécial André Malraux, juin 1995), Karen Levy(*André Malraux. D'un siècle l'autre*, Gallimard, "Les cahiers de la NRF," 2002), 그리고 철학적인 차원에서 Jean-Pierre Zarader(*Malraux ou la pensée sur l'art*, Ellipses, 1998)를 들 수 있다.

침화된 종교라고 비난받을 수 있다. 그러나 이 종교는 인간 존재가 타자 전체와 맺는 참다운 관계의 궁극적 종교이다. 레비나스가 볼 때, 이스라엘의 신, 성서의 신은 근본적으로 윤리적 신이며, 이 신은 예배나 신과의 독대에서보다는 다른 사람의 얼굴에서 계시된다.

"보이지 않는 신은 주제화할 수 없는 신인 것만이 아니라고 나는 항상 생각했다. 이와 같은 부정적인 개념은 어떤 긍정적 의미를 지닐 수 있는가? 내가 타자를 홀로 놓아두어서는 안 된다는 부름을 받는 것은 내가 그를 향해 돌아설 때이다. 이것은 존재 속에 나의 보존과는 반대되는 돌변이다. 바로 이런 상황에서 신은 이야기를 했다."[80]

외재성에 대한 레비나스의 뛰어난 에세이인 《총체성과 무한》을 말로가 접했다면, 그는 하나의 분석 그 이상을 만났을 것이고, 자신의 문제 제기들과 가까운 접근 그 이상을 발견했을 것이다. 레비나스는 이렇게 쓰고 있다.

"초월적인 것——그러나 초월적인 것의 모든 지배로부터 자유로운 초월적인 것——과의 관계는 사회적인 관계이다. 바로 여기서 초월적인 것, 다시 말해 무한히 타자는 우리에게 간청하고 호소한다. 타자의 인접성, 곧 이웃의 인접성은 존재 안에서 계시의 피할 수 없는 순간이고, 스스로를 표현하는 절대적(다시 말해 모든 관계로부터 벗어난) 현전의 순간이다."[81]

---

80) Cf. Shlomo Malka, *Lire Levinas*, Cerf, 1984.

레비나스는 분석의 연장선상에서 철학자의 무신론에 대해 관심을 기울이게 되며, 그가 이에 관해 언급하는 것은 불가지론자 말로를 위해서도 씌어질 수 있었을 내용을 담고 있다.

"형이상학자의 무신론이 긍정적으로 의미하는 바는 형이상학과 우리의 관계가 신학이나 어떤 주제화도 아니고 윤리적인 처신이라는 점이다. 설령 이런 신학이나 주제화가 유추를 통한 신의 속성들에 대한 지식이라 할지라도 말이다. 신은 인간들에게 돌려준 정의의 상관적인 모습으로서 자신의 궁극적인 최고의 현전에 이른다."[82]

이로부터 다음과 같은 근본적인 관념이 비롯된다. 즉 신이 절대적으로 인식할 수 없는 것이라면, 인간은 신이 현전하는 뛰어넘을 수 없는 장소 자체인 이상, 인간의 성스러움을 통해 신은 세계에 **현전한다**는 것이다. 성스러움이란 바로 그런 것이다. 엠마누엘 레비나스에게 윤리학은 전체로서의 타자(Tout-Autre)를 향한 길이 아니다. 그것은 초월이 초월적 계시가 되는 절대적 장소이다.

레비나스의 철학적 걸작으로 간주되는 《존재와 다르게 또는 존재사건을 넘어서》의 첫 페이지부터, 그는 더 이상 성 어거스틴의 것도 아니고, 칸트의 것도 아니며, 나아가 베르그손의 것도 아니라 할 하나의 초월 전체에 토대가 되는 다음과 같은 중요한 대목을 쓴다.

---

81) *Op. cit.*, p.76.
82) *Ibid.*

"초월이 어떤 의미를 지니고 있다면 그것은 **존재사건**의 입장에서 보면――그러니까 존재(esse)의 입장에서 보면――존재의 타자로 넘어간다는 사실을 의미할 뿐이다. (…) 따라서 초월의 문제는――존재하느냐 존재하지 않느냐――거기에 있는 게 아니다. 존재의 타자에 관한――**존재와 다르게**에 관한――언표는 존재를 무(無)와 갈라놓는 차이를 넘어선 어떤 차이를 표현하고자 한다. 분명히 그 차이는 **넘어섬**의 차이이고, 초월의 차이이다."

따라서 레비나스의 초월은 바로 **존재와 다르게**를 통과한다. 초월에 대한 이와 같은 비전은 단순한 지적 혹은 철학적 구상물이 아니다. 그것은 엄밀하게 말하면 신적인 계시의 구현이다. 따라서 우리는 타자가 드러내는 얼굴의 '형태로,' 사랑의 명령을 실천하는 형태로 이루어지는 신의 내려옴에 대해 이야기할 수 있다. 우리는 이 명령을 받았고 이 명령은 신약에 앞서 선재하는 사랑의 신에 관해 증언한다. "타자는 형이상학적 진리의 장소 자체이다. 그는 매개자의 역할을 수행하는 게 아니다. 타자는 신의 화신이 아니다. 타자는 바로 자신의 얼굴, 신이 탈육화되어 있는 그 얼굴을 통한 어떤 높이의 현현인데, 이 현현 속에 신은 자신을 드러낸다."[83]

말로에게는 신앙이 윤리의 영역 이상으로 오직 초월 영역에 속한다 할지라도, 그는 자신의 전 인생과 전 작품에 걸쳐 유대-기독교적인 계시의 말씀과 자신의 행위 사이의 일치에 민감했다. 신앙인이 되지 않겠다는 그 단호한 의지는 타고난 그의 반

---

83) *Ibid.*, p.77.

항적 성격에 기인한다. 그는 신에 대한 모든 관념에 반항적이었고, 아마 신의 화신이라는 관념에는 더욱 그러했다 할 것이다.

철학자로서의 레비나스는 그의 저서 《우리 사이》에서 다음과 같이 두려워하지 않고 쓰고 있다. "'회개하는 자들과 비천한 자들과 함께 있기'(《이사야》 57,15) 위해 스스로를 낮추는 신, '나라가 없는 자, 과부 그리고 고아'의 신, 세상에 자신을 나타내는 그 신은 자신의 거처에서, 세계의 시간 안에 있는 현재가 될 수 있을까? 그렇다면 그것은 신의 가난함에 비하면 너무 과하지 않은가? 그것은 신의 영광에 비하면 너무 보잘것없지 않은가? 신의 영광이 없이는 신의 가난함도 겸손이 될 수 없다."[84]

불가지론자 말로 역시 《서양의 유혹》에서부터 《불안정한 인간과 문학》에 이르기까지, 즉 50년 문필 생활 동안 인간의 얼굴 속에서 신의 흔적을 읽는 데 매우 민감했다. 그러나 말로와 레비나스가 다시 만날 수 있고 그들의 작품이 다시 한자리에 모이는 또 다른 차원이 있다. 왜냐하면 탈무드와 토라로 조형된 유대인 철학자에게는 "신성 없는 신, 돈독심 없는 종교의 관념"[85]이 있기 때문이다.

《총체성과 무한》에서 레비나스는 심층적인 문제, 우리가 그의 종교적 입장의 본질로 읽을 수 있는 그런 문제에 다음과 같이 접근한다. "무신론자로서 절대와 관련된다는 것은 신성불가침한 것의 폭력이 정화된 절대를 받아들이는 것이다." 1인칭 단수를 사용하지 않고 우리가 여기서 느끼는 것은 무신론자를

---

84) *Entre nous. Essais sur le penser-à-l'autre*, Le Livre de Poche, coll. "Biblio essais," 1993, p.68.

85) Shlomo Malka, *op. cit.*

포착하는 레비나스의 이해가 폭력과 우상숭배를 지니는——혹은 지닐 수 있는——신성불가침의 그 거부를 자기 것으로 삼는다는 점이다. 그가 볼 때 유대교의 위대함은 바로 우상을 파괴했고, 가짜 신들과 가짜 메시아들을 거부했으며, 신성불가침성에 성스러움을 대립시켰다는 것이다. 그러나 이러한 대립은 유대교의 보편성에 하나의 제동인 의례적 금지들을 우상화할 위험을 무릅쓰고 항상 재시작해야 하는 것이다.

죽음에 대항하는 인간

초월적인 것과 초월의 의미에 대한 이와 같은 근본적인 접근과 동시에, 말로와 레비나스는 이미 반쯤 드러난 또 다른 주요한 측면, 즉 죽음의 문제에서 다시 만난다. 가에탕 피콩은 《말로가 쓴 말로》에서 다음과 같이 쓸 때 사르트르 쪽에 위치하고 있는 것 같다. "말로와 하이데거에게 인간은 '죽음을-위한-존재,' 이 독일 철학자의 표현을 빌리면 Sein-zum-Tode이다라고 사르트르가 말한 것은 아마 옳은 것 같다." 피콩의 텍스트 여백에 말로는 이렇게 썼다. "〔죽음을〕 위한이라고 말하는 대신에 대항하는이라고 말한다면 어떨까? 둘은 외관상으로 볼 때만 동일한 것이다……"[86]

《총체성과 무한》의 한 인상적인 대목에서 레비나스는 다음과 같이 쓰면서 하이데거와 대립한다. "시간은 죽어야 할 모든

86) Gaêtan Picon, *Malraux par lui-même*, Le Seuil, coll. "Écrivains de toujours," n° 12.

존재——폭력에 노출된 존재——가 죽음을 위한 존재가 아니라, '아직은 아님'이다라는 바로 그 사실이다. 이 '아직은 아님'은 죽음에 대항해 존재하는 방식이고, 죽음의 준엄한 접근 한가운데서도 그것으로부터 한발 물러서는 후퇴이다."[87] 이 인용문은 위대한 독일 철학자의 Sein-zum-Tode에 대한 반박이자 부인이지만, 그것은 동시에 말로와의 놀라운 사상적 유사성을 나타낸다. 이 유사성이 드러나기 위해선 이 인용문을 기다려야 했던 것 같지만 말이다.

〔죽음을〕 위한과 대항한의 차이는 그 어떤 것으로도 환원 불가능한데, 사르트르 자신은 죽음을 위한(zum-Tode)의 철학자였다. 반면에 레비나스는 단번에 죽음-에-대항하는(gegen-Tode) 철학자이다. 말로와의 이와 같은 인접성은 그와 레비나스가 살아생전에 그것을 모르고 있었기에 더욱 놀랍고 예기치 않을 뿐이다.

사후(死後)의 이와 같은 유사성이 비록 인간을 죽음에 대항시키려는 의지, 인간 속에서 Sein-zum-Tode만을 보고자 하는 것을 거부하겠다는 그 완강한 의지에 멈춘다 해도, 그것은 역시 놀랍다 할 것이다. 그러나 인간으로 하여금 준엄한 숙명에 대항하도록 하는 것이 말로에는 본질적으로 예술적 창조이긴 하지만, 그것은 또한 죽은 자들뿐 아니라 산 자들의 형제애이다. 레비나스는 이 형제애를 윤리라 명명했다. 그는 그것을 철학의 한 곁가지라 생각하는 것을 거부하고, 그 반대로 그것을 제1철학이라 간주했다.

말로는 그의 작품의 열쇠인 반운명으로서의 형제애와 예술

---

87) *Op. cit.*, p.247.

을 통해서 죽음의 결정적 승리를 부정한다. 마치 죽음이 외관 상으로만 승리한 것처럼 말이다. 이는 죽음에 어떤 실증성을 부여하자는 것인가, 아니면 냉혹한 창끝과 이에 따른 악취 나는 냄새를 그것에서 제거하자는 것인가?——그런데 우리의 두 사상가는 이미 죽음이 무(無)로 귀결된다는 관념을 배격했다. 이것이 지상에 인간들이 있는 이상, 인간의 전형적인 문제이고, 또 문제일 것이다.

이렇게 하여 우리는 삶의 의미 문제를 접근하고 있다. 죽음의 문제가 궁극적이 아니라 첫번째 문제, 레비나스가 언급하고 있듯이, 다른 모든 문제들을 결정하는 첫번째 문제라는 게 맞다 할지라도, 삶의 의미 문제는 삶을 척도로 해서 헤아려진다. 따라서 각자가 자기 자신 및 다른 사람들과 관련해 자신의 죽어야 할 운명에 부여하는 대답의 척도에 따라 삶이 의미를 띠거나 띠지 않을 것이다. 레비나스의 사상이 지닌 독창성과 힘은 죽음의 문제를 윤리의 문제와 결합시키고 있다는 것이다. 그는 하이데거와의 대립 속에서 이 두 문제를 "각자 자기 자신을 위해 죽는다"에 대한 반박으로 번역해 내고, 이 표현을 '타자를 위해 죽기'로 대체한다.

말로에게 '죽음만큼이나 강력한' 형제애는 절대에 대한 추구들 가운데 하나이고, 성스러움까지 가고 '타자를 위한 죽기의 수용'까지 가는 영웅주의의 한 차원이다. 레비나스에게 이 수용은 **신이 생각나는** (Dieu vient à l'idée)[88] 그 순간을 구현한다.

---

88) *Op. cit.*, p.247.

4
탈무드에서 용서와 용서할 수 없는 것에 대한 레비나스의 해석[89]

---

89) 이것은 애초에 *Le Pardon*, Éditions de Centurion, 1992 속에 실린 것이었다.

I
욤 키푸르: 속죄의 날

속죄의 날과 용서의 유대교적 보편성

유대교의 1년은 말하자면 로슈 하샤나, 즉 신년에 기념하는 천지창조로부터 아브월(8/9월) 아홉번째 날에 기리는 예루살렘 성전 파괴에 이르기까지 성스러운 역사를 되새기고 있다. 이 아홉번째 날은 또한 1492년에 유대인들이 스페인에서 축출되었던 날이다.

로슈 하샤나는 욤 기푸르에 앞서고 또 그것을 예고하는데, 그런 정도의 다른 축제는 없을 만큼 보편적 성격을 지니고 있다. 매우 엄숙한 이 축제는 "살아 있는 자들을 위한 심판의 날"이다. 우리가 탈무드 〈로슈 하샤나〉 편의 처음에서 읽을 수 있듯이, "새로운 해에 지상의 모든 거주자들은 양들처럼 신 앞을 지나간다." 인간의 창조를 기념하는 이 날은 또한 전통에 따르면 아담이 신에 복종하지 않았다가 심판을 받고 용서받은 날이기도 하다. 로슈 하샤나는 모든 종교적인 특정주의를 넘어서 모든 인간들에게 해당된다. 유대력의 첫번째 축제는 단번에 이스라엘의 보편적인 신학적·예배적 책임을 나타낸다. 토라는 신의 계시가 지닌 보편성을 확립할 뿐 아니라 인간의 기원을 그 안에 고정시켜 놓고 있다. 왜냐하면 그것은 아브라함과 함께 시작하는 게 아니라 인류를 아담 속에, 따라서 오직 한 분이신 유일자와의 계약 속에 뿌리내리게 하고 있기 때문이다. 그렇기 때문에 토라의 메시지가 지닌 중요성은——이스라엘 백성을 넘어서——모든 인류와 관련된다는 점에서 아주 단순히 말해 인간적이다. 유대 민족은 신의 말씀에 결코 불복했던 것이 아니라 그 말씀의 수호자로 지명되었던 것이다. 완고한 민족인 그들은 신 앞에서 제(諸)민족들을 책임지게 되었다.

그렇다면 대체 어떤 책임인가? 이스라엘 안에서 각자의 메시아적 책임, 다시 말해 계약에 따른 다른 사람들에 대한 책임이다. "너희는 나에게 사제들의 왕국이 되고, 성스러운 백성이 되리라"(〈출애굽기〉 19,6). 이스라엘 백성, 이스라엘의 자손들이 마침내 **신의 말씀**(Devar Adonaï)을 들었을 때, 오로지 그때에만 모든 언어와 모든 나라의 모든 인간들은 두 눈을 뜰 것이고 이스라엘을 사제들의 왕국, **성스러운 백성**(ve-Goï kadosh)으로 보게 될 것이다.

이스라엘과 유대교의 운명은 어떤 점에서 제반 종교들과 다른 민족들의 운명과 다른가? 그것은 유대민족이 단 하나의 유일한 책임에 부름을 받았다는 것이다. 하나의 보편적 소명 말이다. 자비로운 신께서 1년에 한 번 욤 키푸르 때 모든 이스라엘 백성을 용서하듯이, 이스라엘 백성이 하나가 되는 정도 내에서만 그들에게 대속이 주어진다. 아무도 홀로 구제될 수 없다.

이스라엘의 목소리(Kol Israël): 모든 이스라엘 백성은 미래의 세계에 참여하리라고 〈산헤드린〉 편에 씌어 있다. 우리는 홀로 구원을 얻지 못한다. 그렇기 때문에 우리의 책임이 보편적이 되어 모든 이스라엘 사람들과 모든 인간들에 확대되는 날에야 비로소 우리는 진정으로 모세의 다음과 같은 말을 이해하게 된다. "내가 오늘 너희에게 내리는 이 법은 너희에게 너무 높지도 너무 멀지도 않다. 그것은 하늘에 있는 게 아니다……. 그것은 바다 너머에 있는 것도 아니다. 그 반대로 그것은 아주 가까이 있느니라. 너희의 입속에 있고, 너희의 마음 속에 있으니 얼마든지 이행할 수 있느니라"(〈신명기〉 30,11-14).

신이 인간들에게 그리고 우선적으로 이스라엘 백성에게 계시한 말씀인 토라가 살아 있는 곳은 바로 인간의 마음속이며, 오직 그곳이다. 그러나 이 목소리를 듣기 위해서는 또한 귀를 기울여야 한다. 그렇기 때문에 하루에 세 번 모든 독실한 유대인은 이렇게 말한다: "이스라엘 백성은 들으라(Shema Israël)." 로슈 하샤나의 예배식이 우리에게 가르치는 것은 천지창조를 기리는 그 날에 모든 인간들이 신의 법정 앞에 부름을 받는다는 점이다. "그때 심판의 엄청난 나팔 소리(shofar)가 울리고, 은연한 웅성거림이 들려오며, 천사들마저도 전율합니다(…). 세상을 가득 채운 모든 것이 목동의 눈 아래 있는 양떼처럼 하느님의 눈앞을 지나갑니다. 그리고 목동이 자신의 지휘 아래 양떼를 지나가게 하듯이, 하느님께서는 당신 앞에 인간들을 지나가게 하면서 헤아리고, 살아 있는 모든 존재의 영혼을 당신 앞에 부르십니다. 그리고는 각각의 피조물의 종말을 정하시고 최종 판결을 내리십니다."

로슈 하샤나가 제(諸)민족들에게 심판의 날이라고 해서, 욤 키푸르가 모든 인간들에게 용서의 날인가? 그렇지 않다. 욤 키푸르는 이스라엘의 자손들을 위한 특수하게 유대교적인 예배의식이다. 우리의 스승들은 니니비의 주민들과 왕을 개종시키기 위해 떠났던 예언자의 책인 〈요나서〉의 낭독을 용서의 예배식에 도입하려고 애썼다. 〈요나서〉를 읽는 것은 이 예배식을 통해 신의 용서를 유대인이 아닌 모든 회개자들에게 확대하는 방법이라기보다는 참회와 속죄의 그 날에 유대인에게 가르침을 주는 것이다. 이 가르침은 비유대인들에 대한 그들의 정신적 역할과 양도할 수 없는 책임을 환기시킨다. 속죄일 저녁 미사의 첫번째 기도인 **콜 니드레(Kol Nidré)**[90]를 집전 사제와 모인 신도들이 세 번 반복한 직후에, 사제가 〈민수기〉(15,26)의 다음과 같은 구절을 낭송하면 합창대가 이를 따라 한다. "이스라엘 백성 모두와 그들 가운데 있는 외국인도 용서할지니라. 왜냐하면 잘못은 어느 백성에게나 있었기 때문이니라."

속죄의 예배식

〈레위기〉(3장)에서 우리는 다음과 같은 구절을 읽는다. "7월 10일은 죄를 사하는 날이다. 그 날에는 거룩한 모임을 열고 단식하며 주님께 제물을 바쳐야 하느니라. 이 날 하루 동안은 어떤 일도 해서는 안 된다. 왜냐하면 이 날은 죄를 사하는 날로서 너희 하느님 주 앞에서 너희의 죄를 씻어야 하기 때문이다."

---

90) 모든 소망을 의미한다. [역주]

절대적인 휴무와 단식은 욤 키푸르라 불리기도 하는 속죄의 날을 특징짓는다. 오직 유대교에만 속죄일이 존재하며 이런 사실은 단번에 우리로 하여금 의문을 품게 한다. 그렇다면 욤 키푸르는 대체 무엇인가? 유대교의 1년에서 가장 거룩한 날이며, 이 날은 오로지 우리의 죄를 갚고 완전한 단식을 통해 속죄하는 데 할애되어 있다. 단식은 속죄일 전날 해가 질 때부터 그 다음날 해가 질 때까지 수많은 금식들을 수반한다. 단식을 하는 이 25시간 동안 유대인은 정신과 육체의 진정한 자유에 모두가 장애물인 일상적 필요 욕구로부터 해방되어 그 자신이 기도가 된다.

욤 키푸르 전야에 세 사람이 다음과 같은 신기한 기도를 통해 **콜 니드레** 미사를 시작한다. "하늘의 가르침에 따라, 지상의 가르침에 따라, 편재하신 하느님의 뜻에 따라, 공동체의 뜻에 따라 우리는 위반자들과 함께 기도를 올리도록 허락되었음을 선언하노라." 이 서언은 무엇을 의미하는가? 우리는 위반자들과 함께하는 기도의 이와 같은 허락이 종교재판의 비극적 시대에 우리의 성인 율법학자들에 영감으로 떠올랐다고 생각할 수도 있을 것이다. 이 시대에 마란(강제로 가톨릭으로 개종된 유대인)들은 아마 '속죄의 유대인들'로 무리를 이루었을 테지만 몰래 기도하러 왔고 그렇게 하여 1년에 한 번 유대교도가 되었던 것이다. 1년 동안 거행되는 유대교의 모든 성대한 축제들 모두는 공동체와 개별 유대인으로서의 유대인들에게 그들의 지극히 깊은 심층으로부터 호소한다. 유대인 군중은 욤 키푸르 전야에 예배당들을 향해 밀려들고 그 다음날 석양에 이른바 **네일라**(Neïla)라는 종결 미사를 위해 다시 한번 이를 반복한다. 이런 광경을 볼 때 우리는 행복과 감동이 함께 밀려오는 느낌을 받을 뿐 아니라, 우리의 형제자매들이 그렇게 거룩한 부름에 응답하는 것을 보고 긍지까지 느낀다. 이 거룩한 부름은 지금부터 3천 년 이상 전에 시나이 사막에서 이스라엘과 모든 민족들의 하느님이 지도자인 모세에 의해 전해지는 말씀으로 공포한 것이다.

유대교에서 용서가 책력을 통해 결정적으로 고정되어 있다는 것은 이 종교에 유일한 힘을 부여한다. 그것이 아무 날이나 **일어날** 수 없고 욤 키푸르라는 '비길 데 없는' 그 날에만 일어날 수 있다는 것은 이 의식(儀式)에, 그리고 이 의식을 통해 신성시되는 그 정신적 '**회귀**(techouva)'에 어떤 비교할 수 없는 유일성을 부여해 준다. 이 유일성은 이스라엘 백성을 유배지로 동반하는 신의 **현전**(Shekhina)의 날개에 실려 가지 않는 한, 각자 스스로는 도달할 수 없는 높이까지 영혼과 육체, 여자와 남자를 이끌고 상승시켜 준다. 매년 한 번씩만 반복되는 속죄의 날을 거룩한 하느님께서 다행히 유대민족에게 부여했다는 것은 용서가 성스러운 것임을 우리로 하여금 자각하도록 도와준다. 용서에서 성스러움이 절단될 위험이 항상 존재하고 있음을 우리에게 상기시키기 위해서 그분은 용서의 날에 시간적 표시가 필요하다. 다시 말해 닥치는 대로 모든 것을 마멸시키는 시간의 시간성인 일상성과 절대적인 그 분리가 필요하다.

분리, 성스러움뿐 아니라 특수성도 있다. 왜냐하면 유대교의 용서는 그것의 등가물들로 환원되지 않기 때문이다. 프랑스어와 독일어에서 '용서(pardon)'라는 낱말은 증여와 관련이 있는

것 같다. 히브리어에서 kappara라는 낱말은 '덮어주다'를 의미
하는 kappar라는 어근에서 파생되었다. 따라서 유대교의 용서
는 증여의 측면이 전혀 없다. 그 대신 그것은 고침, 덮어주기,
나아가 만회나 속죄의 모든 측면을 지니고 있다. kappar라는
어근에서 세 개의 자음은 '진정시키다' '용서하다' '죄를 없애
다'를 의미하는 kippér도 만들어 낸다. 히브리어에서 용서라는
낱말의 어원으로 이처럼 돌아가는 것은 부차적인 게 전혀 아니
다. 그것은 얼마나 하나의 낱말이 세계에 대한 환원 불가능한
하나의 사상, 하나의 비전을 드러내는지 보여준다. '용서'라는
낱말의 유대교적인 의미와 프랑스어 의미의 차이를 좀 더 밀고
나가 보자. 우리는 극단적인 경우 아무것도 요구하지 않고 아
무것도 또한 기대하지 않은 채, 노력 없이 어떤 증여물을 받을
수 있다. 한편 우리는 개인적인 정신적 일이나 노력을 통해 실
질적으로 우리의 죄를 사하지 않고는 죄를 씻을 수 없고, 스스
로 아무것도 바로잡지 않고는 원래로 되돌아갈 수 없다.

용서에 대한 이와 같은 유대인의 경험은 유대교에서 인간의
위치에 대한 매우 중요한 자각이다. 이스라엘의 긴 역사에서
어떠한 예식적 혹은 예배적 형식에도 관심이 없는 많은 유대인
들이 욤 키푸르에서 자신들의 뿌리를 재발견한다. 속죄의 저녁
날에 그들 가운데 몇몇 사람들이 느낄 수 있었던 그 계시는 그
무엇과도 비교될 수 없다. 왜냐하면 단순히 개인적인 경험만이
관계되는 게 아니라 이스라엘 공동체 안에서 어떤 부활 같은
것이 관련되기 때문이다. 용서를 통해 자신을 되찾는다는 것은
용서의 문을 통해 다소간은 유대교 속으로 들어가는 것과 같
다. 위대한 철학자 프란츠 로젠츠바이크는 20세기 초에 이러

한 정신적 **회귀**(techouva), 존재의 이와 같은 반전을 기독교로 개종하기 직전에 체험했다. 당시 이같은 개종은 불가능한 것이 되고 있었다. 우리는 이처럼 작용하는 **카파라**, 즉 용서가 불멸하다고 말할 수 있으며, 이것이 신학적 의미에서 의미하는 것은 **카파라**가 소멸하지 않는다는 점이다.

그러나 속죄 의식의 말을 통해서만 용서에 대한 유대교적 비전을 경험하는 자는 그것에 대해 아무것도 알지 못할 것이다. 자기 이웃의 희생자인 상처받은 인간 앞에서 자비로운 자이면서 심판자인 신은 완전히 비우는 **행위**(tsimtsoum)를 통해 가해자를 용서하기 위해 희생자를 대신하는 게 아니다. 욤 키푸르의 예배식, 곧 지성소는 내가 상처 준 자로부터 나 자신이 용서받지 못한다면 아무것도 할 수 없다.

속죄일의 예배 속에 들어가 가장 고귀한 순간들을 보자. 우선 충격적인 것은 백색의 찬란함이다. 이 백색은 두루마리로 된 토라가 놓여 있는 성막을 장식하는 커튼에서부터 공동체 구성원들의 보면대를 덮고 있는 덮개에 이르기까지 예배당을 장식하고 있다. 매우 신심이 돈독한 유대인들은 자신들의 **장례복**(sarguenèsse)을 입는다. 이 장례복은 죽음의 날을 환기시킴과 동시에, 예전에 예루살렘 성전에서 흰 아마 옷을 입고 속죄의식 때 지극히 숭고한 이름(신)을 말했던 대사제를 환기시킨다. 각자는 여전히 기도의 숄인 **탈리트**(tallith)를 걸치고 있는데, 남자들은 그것을 아침에 예배당에서 걸친다. 예배식이 시작되도록 모든 것이 준비되어 있다. 이 예배식은 저녁때로부터 그 다음날 저녁때까지 열두 시간 가량이나 지속된다. 전야에 두 시간

그리고 낮 동안에 거의 열 시간 진행된다. 속죄의식은 극도로 간결하며, 거의 움직임이 없고, 여러 번에 걸쳐 반복되는 몇몇 성가가 있는데, 이것들은 모두 집전 사제와 신도들 사이의 대화이다. 간청처럼 그 노래들은 고통받는 영혼의 오열과 신음 소리를 내며, 이 오열과 신음 소리는 회개한 자식들에 대한 자비와 사랑으로 충만한 나의 주님(Adonaï)으로 향한다.

용서의 예배식은 이스라엘의 입법자들이 각각의 유대인——이스라엘 안에서 각자——으로 하여금 자기 자신과 다른 사람들에 대해 책임과 동시에 죄가 있음을 느끼도록 하겠다는 그 의지에 통해 충격을 준다. 다음에 씌어진 것처럼, 내가 아니면 다른 누군가가 저지른 죄, 아니면 나도 저지를 수 있었을 죄에 대해 책임을 느끼고, 나의 유대인 형제에 대해 책임을 느끼도록 말이다. "모든 유대인들은 서로에게 책임이 있고"(탈무드의 〈세부오트 Chevou'ot〉 편, 39a) 모든 사람들에 대해서도 책임이 있다. 그렇기 때문에 여러 번에 걸쳐 신도들은 그 날 죄의 고해인 **비두이**(Viddouy)[91]를 낭송한다. 이러한 고해가 없이는 용서는 불가능하다. 신도들은 다음과 같은 말을 박자에 맞추어 고통스럽게 읊조리는데, 번역을 하면 그것에 따라다니는 은은한 떨림을 전혀 표현해 줄 수 없다.

"Asham'nou, bagadnou, gazalnou, dibarnou dofi, hé'évinou, vehirsha'nou, zadnou, hamasnou, tafalnou shéqét…"——"우리는 죄와 배신과 도둑질을 저질렀습니다. 우리는 남을 중상모략

---

91) 신 앞에서 죄를 지었다는 것을 인정하는 속죄 과정의 한 단계이다. 〔역주〕

했습니다. 우리는 이웃을 타락시켰고 악을 부추겼습니다. 우리는 오만하고 폭력적이었습니다. 우리는 거짓말을 했고 나쁜 짓을 권했습니다. 우리는 진실을 부정했고 욕설을 퍼부었습니다. 우리는 주님께 반항했고, 신성을 모독했으며 주님의 의지에 귀를 막고 있었습니다. 우리는 타락했었고, 편파적이었으며, 압제적이었고 가혹했습이다. 우리는 사악하게 행동했습니다. 우리는 이웃에게 길을 잘못 들게 했으며, 가증스러운 행동을 저질렀습니다. 우리는 오류 속에 있었고 다른 사람들을 그 속에 끌어들였습니다." 이어서 다음과 같이 시작되는 긴 기도가 이어진다. "우리의 주님이신 하느님이시여, 우리의 죄를 용서하시고, 우리의 모든 죄악을 사해 주시며 우리의 모든 위반을 용서하소서."

"욤 키푸르 의식의 거행과 이것이 결정하고 표현하는 영혼의 상태는 우리를 용서받은 상태로 이끈다"[92]라고 엠마누엘 레비나스는 쓰고 있다. 그는 이 상태가 신에 대해 저지른 죄에 대해서만 해당한다고 명시한다. 그러나 용서는 기적을 통해 이루어지는 게 아니다. 거기에는 회개, 히브리어로 kavanah, 곧 의지가 필요하다. 의지 없는 회개는 아무것도 아니다. 마찬가지로 속죄 없는 용서는 생각될 수 없다. 로슈 하샤나와 욤 키푸르에서 우리는 다음과 같은 무서운 기도를 하지만 이 기도는 인간의 고심에 찬 희망으로 열려 있다.

---

92) *Quatre leçons talmudiques*, Paris, Éditions de Minuit, 1968, p.36, "Reprise."

"로슈 하샤나의 날에 주께서는 결정하시고, 욤 키푸르에 주께서는 돌이킬 수 없이 선택하십니다. 1년 동안 얼마나 많은 사람들이 사라지고 얼마나 많은 사람들이 태어나는가를. 누가 살아야 하고 누가 죽어야 하는가를. 누가 자신의 삶의 종말에 이르고 누가 이르지 않을 것인가를. 주께서는 불을 통해, 물을 통해, 철을 통해 혹은 굶주림을 통해, 폭풍을 통해 또는 전염병을 통해 소멸할 자를 지정합니다. 평화로운 삶을 누릴 자와 곡절 많은 날들을 보낼 자를. 휴식이 돌아갈 자와 불안이 돌아갈 자를. 기쁨이 돌아갈 자와 고통이 돌아갈 자를. 누가 고귀하게 되고 누가 타락하게 될 것인가를. 누가 부를 누리고 누가 비참을 겪을지를. 그러나 속죄의 **고행, 기도 그리고 자비**[93]는 숙명적인 결정을 없애 주리라. 왜냐하면 주님의 영광은 주님의 이름처럼 크시기 때문입니다. 주님의 분노는 늦게 타오르고, 신속하게 가라앉습니다. 왜냐하면 주님은 죄인의 죽음을 원치 않고, 죄를 사해서 살기를 바라시기 때문입니다. 주님은 그의 마지막 순간까지 인내하십니다. 그가 전향한다면 주님은 서둘러 그를 맞이해 주십니다."[94]

속죄의 **고행**(techouvah), **기도**(tefilah) 그리고 **자비**(tsedakah)는 죄를 지은 자의 손안에 있는 가장 강력한 무기들이다. 그것들만이 키푸르에서 용서를 얻게 해줄 수 있다. 그것들은 불가분의 관계에 있다. 그것들의 분리 불가능성만이 회개한 자의 정신적인 **의지**(kavanah)를 증언해 준다. 그렇다고 모든 것이 해결

---

93) 히브리어로는 techouvah, tefilah, tsedakah이다.

94) *Erech Hatephilot — Yom Kippour*, E. Durlacher 번역, Tel-Aviv, Éd. Sinaï, 1966.

된 것은 아니다. 왜냐하면 속죄의 **고행, 기도** 그리고 **자비**는 인간에 대해 저지른 죄에 대해 아무것도 말하지 않기 때문이다. 사실 내 스스로 후회할 때 나는 나 자신과——그리고 신과——홀로 있는 반면에 다른 사람의 용서를 받기 위해선 최소한 타자와 나 둘, 그리고 **하솀**(Hashem)[95]과 셋이 있어야 한다.

토라는 중재가 용서의 으뜸가는 양태들 가운데 하나라고 가르친다. 소돔을 위한 아브라함의 놀라운 중재는 우리에게 교훈을 주는 사례 자체이다. 중재를 통한 용서는 더 이상 실천되고 있지 않지만, 그것이 우리에게 가르치는 것은 이 용서가 중재에서 구제 대상인 자와 다른 사람들의 죄를 자신이 떠안는 자에게 달려 있다는 것이다. 왜냐하면 아브라함이 저 높으신 하느님과의 타협에서 소돔을 구하기 위해 단 한 사람의 의인까지 숫자를 내려갔어도, 소돔이 구원받았을지 누가 알겠는가! 그러나 반대로 다만 의인이 열 명만 있다면 소돔은 멸망하지 않을 것이라고 되어 있다. 소돔에도 순진무구할 수밖에 없었던 어린 아이들이 있었을 텐데, 그들을 역시 계산하지 않았던 것이 아니지 않은가? 황금 송아지를 만든 집단적 죄가 저질러진 후 이스라엘 백성의 목자가 된 모세가 성소에서 중재하여 모든 이스라엘 백성을 위해 탄원함으로써 요구를 관철시켰다. 유대교도에게 용서는 모든 **이스라엘 백성**(Klal Israël)에 부여된 용서와 분리될 수 없다. 예컨대 이것은 키푸르 예배식으로부터 힘 있게 나타난다. 여기서 중시되는 것은 오직 개인적인 구원이나 용서

---

95) 하솀은 대문자 이름을 의미하는데 유대교에서 신을 지칭하는 또 다른 명칭이다. [역주]

의 추구가 아니라 모든 이스라엘 백성을 위한 용서——그리고 대속——의 의지이다. 이스라엘은 거룩하신 하느님의 용서를 빌 때 하나이다.

나는 유럽의 정통 유대교에서 가장 훌륭한 인물들 가운데 한 사람인 차디크 라브 하임 야아코브 로텐베르크(Tzaddik Rav Haïm Ya'akov Rottenberg)의 가르침을 소개하고자 한다. 그는 내 기억이 맞는다면 1964년부터 5,751번째 로슈 하샤나(1990년 8월) 3주 전 갑자기 타계할 때까지 파베 가(街)에 있는 정통 유대교 공동체의 대(大)제사장이었다. "유대인이 이스라엘 백성에 속한다고 느끼고 있는 이상, 모든 것은 아직도 가능하다"라고 그는 말했다. "그가 그 전체에 속한다고 느낀다면, 죄는 사해질 수 있다." 그는 탈무드의 〈산헤드린〉 편의 유명한 말을 해설하면서 이렇게 덧붙였다. "모든 **이스라엘인**(Kol Israël)은 미래의 세계에 대한 권리가 있다.": "여기서 모든 유대인이라고 언급되지 않고, 모든 '이스라엘인'이라고 언급되는 것은 이 말이 각자가 이스라엘 백성에 속한다고 느낄 때에만 유효하다는 점을 가르치기 위한 것이다." 라브 로텐베르크의 이 말은 유대 민족의 생존이 토대하는 태곳적 가르침을 담고 있다. 토라를 저버리는 유대인, 특히 자신의 동포를 저버리는 유대인은 모든 이스라엘 백성에 내리는 신의 용서를 동시에 상실한다.

예루살렘 성전의 시대에 대사제는——속죄일에——모든 이스라엘 백성을 위해 중재했다. 〈레위기〉(16,17)는 대사제에 대해 이렇게 말한다. "그 자신, 그의 가족 그리고 이스라엘 공동체 전체를 위해 용서를 얻는다." 속죄의 아침에 올리는 보조 미사인 **무사프**(Moussaf)는 대사제(cohen gadol)가 과거 그날에 올렸던 예배식에 대한 회상의식이다. 거기서 특히 환기되는 것은 이스라엘 공동체가 제비뽑기로 고른 두 마리 양을 '길을 잘못 든 죄인들'을 용서하도록 바치는 의식이다. 한 마리는 제단에, 다시 말해 신에게 바쳐졌고, 다른 한 마리는 이스라엘인들의 모든 죄가 상징적으로 실려서 사막에 보내진 뒤 허공 속에 던져졌다. 그리하여 그것은 "심연 속으로 굴러 떨어지면서 백성의 모든 수치스러운 흔적들을" 쓸어가도록 했다. 이 양은 속죄 (Kippour)의 희생양으로 지칭되었지만, 이 표현에 부여된 근대적 의미는 완전히 변질된 것이다. 속죄의 희생양은 모든 죄악을 책임지는 쓰레기 같은 동물이 아니다. 그것은 그 반대로 아무런 오점이 없었으며, 이스라엘 백성의 죄를 씻어 주는 데 사용되었다. 다른 한 마리도 유대민족의 가장 성스러운 부분, 다시 말해 거룩한 하느님께 속죄의 제물로 올리도록 되어 있는 부분을 상징했다.

"그러나 유감스럽게도 오늘날 우리는 더 이상 신전도, 대사제도, 제단도, 우리 죄를 용서받기 위한 제물도 없다. 그런 만큼 우리는 그 모든 사라진 영광을 슬프게 상기시킨다!"[96] 이러한 심연 앞에서 내 기억이 맞는다면 우리의 스승들은 과거 속죄의 날 거행되었던 대로 대사제의 미사기도를 낭송하는 관례를 반복적인 **무사프** 미사에 확립했다. 왜냐하면 〈호세아〉(14,3)가 말하듯이, "우리는 황소를 바치는 대신 우리 입으로 한 약속을 올

---

96) *Éphémérides de l'année juive*, Keren Hasefer veHalimoud, Paris, 1976. 이 책은 *Sefer Hatodaah*, tome 1: *Tichri*를 번역한 것이다.

리기" 때문이다.

그 속죄의 날 해질 무렵, **네일라**라는 마지막 예배가 드려지는 동안, 두루마리 토라가 놓인 성스러운 함이 닫히는 그 시점에 신은 거기 모인 모든 사람들이 신께 지은 죄를 용서한다. 전야 때부터 싸인 극도의 긴장은 **셰마 이스라엘**(이스라엘아 들어라)의 기도 속에 폭발한다. 또 그것은 사제들의 후예인 코아님들의 최고의 축복이 내려지기 바로 직전에 거기 모인 모든 사람들이 마지막으로 노래하는 **아비누 말케누**(Avinou Malkénou: 우리의 아버지, 우리의 왕) 속에 폭발한다. **코아님**들은 성막 옆에 올라가 머리를 **탈리트**라는 숄로 덮고는 토라를 엄숙하게 노래하기 시작한다. **네일라**는 속죄의 마감과 현전하신 신의 물러남을 동시에 표시하는 **쇼파르**(나팔) 소리를 통해 끝난다. 이 물러남은 〈시편〉(47, v.6)에 씌어 있는 것과 같다. "야훼께서 **테루아**[97] 소리 속에 올라가신다."

신에게 지은 죄의 용서

이제 인간이 신에게 지은 죄를 검토해 보자. 탈무드를 열기 전에 원죄로 거슬러 올라가야 한다. 왜냐하면 아담과 이브의 죄는 분명 신에게 지은 죄이기 때문이다. 게다가 이것이 율법적·탈무드적 전통이 그것에 부여하는 유일한 의미이다. 이 전

---

97) **테루아**(téroua)는 **쇼파르** 소리가 상징하는 한숨·오열·눈물을 동시에 의미한다.

통에 따르면 원죄는 유전적인 죄가 결코 아니었다. 뿐만 아니라——우리가 보았듯이——로슈 하샤나에서 심판을 받고 참회하였으며 거룩한 하느님은 그것을 용서했다. "이것은 너희 자손들에 대한 표시이니라. 너희가 그날에 심판받고 용서받았듯이, 그들도 심판받고 용서받을 지니라." 우리는——카프카처럼 다음과 같이 말하기 위해——원죄의 개념에 반대해 일어섰던 한 사람의 현자를 상상할 수도 있을 것이다. "인간이 저지른 해묵은 불의인 원죄는 인간이 퍼붓는 비난, 즉 하나의 불의가 자신에게 일어났고 자신에 대한 하나의 원죄가 저질러졌다는 비난에 있으며, 그는 이 비난을 단념하지 않았다."[98]

우리가 그냥 넘길 수 없는 다음과 같은 의문을 사전에 제기하지 않고 유대교에서의 용서를 어떻게 이야기할 수 있겠는가? 즉 왜 이스라엘의 신은 잔인하고, 복수적이며, 무정하고 불공평한 신으로 그토록 오랫동안 간주되었는가? 왜냐하면 토라의 텍스트는 오랫동안 문자 그대로 읽혀졌기 때문이다——그리고 그것도 흔히 전통과 해설에 대한 몰인식을 통해서 말이다. 이런 해설은 중세의 프랑스인 유대교 주석가인 라쉬로 거슬러 올라간다. 그것은 그가 해설하는 토라의 구절과 결코 분리되지 않는다. 외관상 부당하고 가차없는 것처럼 보이기 때문에 그만큼 더 충격적인 사례를 하나 즉시 검토해 보자. 그것은 〈출애굽기〉의 34,7 마지막 부분이다, "그분은 아버지가 거스른 죄를 아들 손자들을 거쳐 삼사대까지 벌한다." 라쉬는 이 문제의 구절,

98) *L'Infini*, n° 32, Gallimard, 1990. *Œuvres complètes*, Gallimard, coll. "Bibliothèque de la Pléiade," 1984.

유대교의 전통에 가장 반대되는 해석들의 대상인 이 구절에 대해 무어라고 말하는가?

"그분은 회개하는 자들은 용서하고 회개하지 않는 자들은 용서하지 않는다. 그분은 아버지가 지은 죄를 기억하여 아들들까지 벌한다. 아들들이 아버지의 행실을 고수하여 따를 때 말이다. 사실 우리는 이미 다른 텍스트에서 다음과 같은 점을 분명히 했다. 나를 증오하는 자들(《출애굽기》 20,5)에 대해선, **사대까지** [벌할 것이다.] 따라서 선의 척도는 벌의 척도보다 500대 1로 훨씬 더 많다. 왜냐하면 선의 척도에서 그분은 이천대까지 은총을 베풀 것이라고 말하기 때문이다.[99]

우리는 복수하고, 무자비하며 부당한 신과 아주 멀리 있다!

용서에 대해 이야기하는 것은 어쩔 수 없이 원죄, 악에 대해 이야기하는 것이다. 그렇기 때문에 죄와 집단적 죄의식 사이의 관계에 대한 유대교의 이해를 분명히 밝히는 게 중요했다. 유대교의 입장에서 보면, 모든 윤리적 긴급성은 아담과 이브의 죄보다는 카인의 최초 범죄 앞에서 나타난다. 왜냐하면 전자에서는 세 사람의 주역이 함께 신의 말씀에 불복종하는 죄를 짓고 있는 데 비해 최초 살인의 에피소드에서 드라마는 한 사람의 살인자와 한 사람의 순진무구한 자 사이에, 그것도 두 형제 사이에 전개되기 때문이다.

---

99) Rachi 해설, 모세 5경, t. II, cf. Bibliographie.

이제 탈무드의 〈요마〉 편 85ɑ를 열어 〈미슈나〉[100]를 읽어볼 때가 되었다.

"미슈나──저질러진 게 확실한 죄에 대한 속죄의 제물과 죄과의 제물은 우리 죄를 속죄하게 해준다. 죽음이나 속죄일은 회개가 수반된다면 속죄하게 해준다. 회개 자체는 가벼운 죄들, 즉 긍정의 계율이나 부정의 계율을 위반한 것들을 속죄하게 해준다. 중죄의 경우, 회개는 용서를 가져다주는 속죄일까지 (처벌을) 유보한다. '나는 죄를 저지르고 나서 회개하겠다, 나는 죄를 저지르고 나서 회개하겠다' 라고 되풀이 말하는 자는 결코 회개하는 기회가 주어지지 않을 것이다. 속죄일이 되어도 그는 속죄받지 못한다. 신에 대해 인간이 저지른 죄에 대해선 속죄일에 속죄받는다. 그러나 어떤 자가 이웃에 대해 저지른 죄에 대해선 속죄일에 그 이웃의 용서를 얻을 때에만 그는 속죄받는다. 아자리아의 아들인 랍비 엘레아자르는 이렇게 설명했다: **너희는 야훼 앞에서 모든 죄를 씻게 될 것이다**(〈레위기〉 16,30). 신에 대해서 지은 죄는 속죄일에 속죄받지만, 자기 이웃에 대해 지은 죄는 이웃의 용서를 받을 때에만 속죄받는다. 랍비 아키바는 이렇게 말한다: 오, 이스라엘의 자손들이여, 그대들은 행복하여라! 그대들은 누구 앞에서 죄가 씻어지는가? 누가 그대들을 정화시켜 주는가? 하늘에 계신 그대들의 아버지이시다. 이렇게 언급되어 있듯이 말이다: **정화수를 끼얹어 너희의 모든 부정을 깨끗이 씻어 주리라**(〈에제키엘〉 36,25). 그리고 또 이런 말이 있다: 야훼는 이스

---

100) 탈무드는 토라에 대한 주석인 〈미슈나〉와 〈미슈나〉에 대한 주석인 〈게마라〉를 줄기로 여러 편으로 이루어져 있다. 〔역주〕

라엘을 위한 정화의 샘이시나이다(〈예레미야〉 17,13). 샘이 부정했던 자들을 정화시켜 주듯이, 거룩하신 하느님은 이스라엘을 정화시켜 준다."[101]

이제 우리는 용서에 대한 탈무드의 토대 텍스트들 가운데 하나 앞에 있다. 그것이 유일한 것은 결코 아니다. 그러나 그것은 그것이 제기하는 문제들의 폭 때문에 가장 중요한 것들 가운데 하나이다. 바로 이 〈요마〉 편의 같은 (요약된) 부분을 엠마누엘 레비나스가 약 50년 전 '용서'에 관한 유대인 지식인들의 학술 토론회에서 해설한 바 있다.[102]

〈미슈나〉를 다시 검토해 보자. 죽음 혹은 속죄일은 속죄를 보장해 준다……. 이것은 유대교 전통에서 불순함에 의해 특징지어지는 죽음과 1년 중 가장 성스러운 날인 욤 키푸르 사이의 이상한 접근이나 상관관계가 아닐 수 없다. 마치 죽음과 키푸르는 동일한 가치, 동일한 속죄의 힘이 있는 것처럼 말이다. 죽음이 죄의 속죄를 보장해 준다면, 모든 죄가 해당된다고 이해해야 하는가, 아니면 신에 대해 저지른 죄만 해당된다고 이해해야 하는가? 신에 대해 저지른 죄만 해당될 뿐이다. 왜냐하면 "무덤이 너희 피신처가 되지는 못할 것이다"[103]라고 우리는 가르침을 받았기 때문이다.

---

101) 이 번역문과 다음에 나오는 번역들을 대(大)율법박사인 Israël Salzer(cf. Bibliographie)가 번역한 *Yoma* 편의 *La Guemara*의 제2권에서 인용함.

102) *Quatre leçons talmudiques, op. cit.*

103) *Pinqé Avot*(Traité des Pères), IV, 29.

〈미슈나〉는 보다 멀리 나아간다. 죽음 자체는 회개 없이는 아무것도 속죄해 주지 못한다. 오직 회개만이 긍정적 혹은 부정적 계율의 위반을 속죄하게 해준다면, 무엇이 사해질 수 있고, 회개에 의해 가벼워진 죽음은 어떤 위반들을 속죄하게 해주는가? 그것은——다른 사람들에 대해 저질러진 죄를 제외하고——거룩한 신에 대해 저질러진 보다 무거운 죄들이 아니겠는가? 〈바라이타〉[104]를 따라가면서 이렇게 물을 수 있지 않을까? 회개가 징벌을 정지시키는 죄들은 어떤 것인가?

유대 법정(beth din)에서 사형 선고를 받아야 하는 죄들은 회개에 앞서는 자연사(自然死)를 통해 속죄되는 게 아닌 것일까? 〈게마라〉는 답의 단초를 가져다준다.

"신성한 이름을 더럽힌 자의 회개는 벌을 정지시킬 힘을 지니지 못할 것이고, 욤 키푸르에도 속죄받을 수 없을 것이며, 시련도 그를 완전히 속죄하게 해주지는 못할 것이다. 하지만 세 가지(회개, 키푸르, 시련)는 벌을 정지시킬 것이고, 그에게 완전한 속죄를 가져다주는 것은 죽음이 될 것이다. 다음과 같은 대목에서 볼 수 있듯이 말이다: **만군의 주이신 나의 주님께서 나의 귀에 일러주셨다. 이 죄는 너희가 죽을 때까지 속죄받지 못할지니다**"(〈이사야〉 22,14).

그런데 유대 법정이 삶에 대해 더 이상 판결하지 않는 오늘

---

104) Baraïta는 '외부적인'을 의미하는 아람어인데, 〈미슈나〉에서 생략된 부분들을 지칭한다.

날, 예루살렘 성전 시대에 통용되었던 것을 대신하여 무엇이 제물과 속죄의 역할을 하는가? 박식함과 지혜를 통해 이 점을 밝혀 주는 것은 가온 드 빌나(Gaon de Vilna)의 제자로서 리투아니아의 위대한 탈무드 학자인 랍비 하임 드 볼로진(Haïm de Volozyne)이다. "많은 죄를 지었고 (신에 의해) 죽을 죄를 지었다고 인정된 자가 (…) 회개하고, 토라·예언자들·구약 집필자들·미슈나·미드라시·할라코트[105]·아가도트[106]를 공부하며 토라의 **하카밈**(현자들)을 섬긴다면——그가 백번 단죄되었다 할지라도——신은 모든 처벌을 없애 준다……." 탈무드(〈로슈 하샤나〉 편 18a)의 한 대목은 이렇게 밝혀 준다. "토라의 공부는 제물을 바쳐도 속죄받지 못하는 중죄들까지 용서받도록 해준다. 엘리의 자손들에 대해 우리 스승들이 지적했듯이 말이다. '그렇기 때문에 나는 엘리 집안의 죄를 제물로도 예물로도 결코 용서하지 않으리라 맹세했다'(〈사무엘〉 3,14). 그 죄는 제물로도 예물로도 용서받을 수 없지만, 토라의 공부를 통해서 용서받을 수 있다."[107]

유대교는 늦게 신앙에 귀의한 사람에 대한 신의 자비를 결코 설파하지 않았다. 그 반대로 그것은 명령되지 않은 것을 수행하는 것보다는 명령되는 것에 복종하는 것이 훨씬 더 공덕이 있음을 끊임없이 가르쳤다.

---

105) Halakhot는 전통적으로 구전되어 내려오는 율법을 말한다. 〔역주〕
106) Aggadot는 특히 탈무드와 미드라시에 있는 설교적 성격의 텍스트들을 말한다. 〔역주〕
107) *Nefesh ha-Haïm, l'Âme de la vie*, Verdier, 1986.

〈레위기〉에 대한 해설에서 라쉬는 다음과 같은 미드라시의 훌륭한 대목을 이야기한다. "어떤 왕이 노동자들을 고용했는데, 이 가운데는 오래전부터 그를 충실하게 섬겨 온 한 사람이 있었다. 노임을 나누어 줄 때 왕은 그에게 이렇게 말했다. '여봐라, 너의 일은 특별한 관심을 받을 만하구나. 우선 일을 별로 하지 않은 사람들에게 급료를 먼저 주어야겠구나. 시간이 많이 걸리지 않을 게야. 너에게는 계산할 게 많을 게다. 여유를 가지고 계산해 보겠다…….'" 이에 대한 독서는 두 가지가 단번에 힘을 얻는다. 첫번째는 문자 그대로의 의미에 따른 것, 다시 말해 히브리어의 용어로 **프샷**(pchat)에 따른 것으로, 완벽한 정의로운 자들은 뒤늦게 정의롭게 된 자들보다 더 많은 공덕이 있다는 관념을 강화시킨다. 왜냐하면 수미일관 일상적인 노력을 통해 토라에 충실하다는 것은 열광적인 귀의에서 만나는 충실함보다 분명 무한히 더 어렵기 때문이다. 두번째 독서는 상징적인 의미, 즉 **드라슈**(drach)에 따른 것으로 가장 충실하고 가장 오래된 노동자가, 신의 계시를 제일 먼저 듣고 받아들인 이스라엘에 다름 아니라는 점을 함축한다.

II
이웃에 대한 인간의 죄

최초 살인과 복수

카인은 동생 아벨을 살해한 후 자신에게 "네 아우 아벨은 어디 있느냐?"라고 묻는 신의 음성을 들었다. 카인은 "모르겠습니다. 제가 동생을 지키는 사람입니까?"라고 대답했다. 야훼께서는 그에게 말했다. "네가 무슨 짓을 저질렀느냐? 네 아우의 피가 땅에서 나에게 울부짖고 있다!"[108]

아벨은 죽었으나 그와 함께 죽지 않은 것은 그의 피의 소리, 보다 정확히 말하면 그의 **복수적(複數的)인 피**(Kol d'mé)——이것은 라쉬에 따르면, 그의 피와 그의 자손들의 피를 의미한다——의 소리이다. 이런 측면은 다음과 같은 탈무드의 유명한 속담을 상기시킨다. "이스라엘에서 단 한 사람의 생명이라도 죽이는 자는 그가 하나의 세계 전체를 없앤 것처럼 간주되며, 이스라엘에서 단 한 사람의 생명이라도 구한 사람은 하나의

---

108) 〈창세기〉 4,9-10.

세계 전체를 구한 것으로 간주된다"(《산헤드린》편, 37a).[109] 피의 소리, 그것은 인간의 영혼이 아니라면 무엇이겠는가? 카인은 자기가 얼마나 아우를 지키는 자였는지 예감하지 못했다. 카인이 아벨을 죽인 것은 "너는 살인을 저질러서는 안 된다"(Lo Tirtsah)는 말을 듣지 못했기 때문인가? 아니면 거룩하신 하느님이 자신의 것보다 동생의 제물을 더 좋아할 수 있다는 것을 받아들이지 않았기 때문인가?

회한이 그의 의식에서 균열을 낳은 것은 아닌 것 같다. 한 미드라시 문헌이 이야기하는 바에 따르면, 야훼께서 카인에게 "네 아우 아벨은 어디에 있느냐?"라고 물었을 때, 카인은 "제가 죽였습니다. 하지만 주님께선 제 안에 악의 본능을 창조해 놓았습니다. 주님은 아벨을 지키시는 분입니다. 주님은 제 안에 그를 죽이게 만드는 것을 심어 놓았습니다. 제가 나입니까? 죄를 지은 자는 바로 주님입니다. 왜냐하면 주님은 오로지 나라고 말할 수 있기 때문입니다."

이 텍스트는 악의 모든 책임을 신에게 돌리고 있다. 그건 인간의 자유의 대가(사실을 말하자면 과도한 대가!)라고 반박이 제기될 수 있을 것이다. 그러나 이스라엘의 신이 지닌 위대함은

---

109) *Aggadoth de Talmud de Babylone*, Verdier, 1982(이제부터 *A. T. B.* 로 표기하겠음). 마임모니드(Maïmonide)는 이와 같은 가르침에 대해 다음과 같이 보편적인 중요성을 부여한다. "그처럼 한 사람이 이 세계에서 한 영혼을 죽게 만들었다면 성서는 마치 그가 이 세계 전체를 죽음으로 몰고 간 것처럼, 또 그가 단 한 사람의 영혼이라도 이 세계에 살도록 구제했다면, 마치 그가 세계 전체를 살린 것처럼 그에게 모든 것을 돌린다는 것을 가르치기 위해 하나의 유일한 사람이 세계에 창조되었다."

이런 주장을 반박할 수 있고 비난할 수 있는 능력을 지닌 인간을 창조했다는 것이다. 이슬람교의 입장에서 볼 때 그같은 무람없는 태도는 절대적으로 용인될 수 없기 때문에 그 많은 신도들이 급진적 광신으로 가는 문이 열린다. 그러나 아무튼 그러한 무람없는 태도가 이스라엘의 자손들과 그들의 신이 맺고 있는 관계의 특수성을 잘 보여준다는 것은 틀림없다. 이 관계는 우리가 그 속에서 이스라엘의 장자 자격의 담보를 본다면 이해될 수 있다.

그러나 우리 안에 있는 모든 악──쇼아가 그 절대적인 상징인 절대악은 말할 것도 없고──의 책임을 창조주에게 돌린다는 것, 바로 이것이 특이하게 인간 존재를 꼭두각시에 불과한 것으로 만드는 것이다. 악에 대한 이와 같은 단순주의적 이해와 인간이 악과 맞설 수 없는 그 무능력은 적어도 토라의 가르침과 철저하게 대립된다. 이 가르침에 따르면 인간은 선과 악, 삶과 죽음 사이에서 선택을 해야 한다. 그런데 갑자기 카인은 자신의 죄를 자각한다. 왜냐하면 그는 이렇게 말하기 때문이다. "나의 죄는 견디기에는 너무 크구나(Gadol avoni minso)." 라쉬는 이것을 다음과 같은 하나의 질문으로 이해한다. "야훼께서는 높은 세계들과 낮은 세계들을 짊어지고 계시는데, 저의 죄를 짊어질 수 없으시나요?" 카인이 Gadol avino minso를 말하면서 사실 말하고자 했던 것은 "저의 죄는 용서 받을 수 없나요?"이다.

모태신 야훼가 죄를 짊어진다면 그것을 용서하는 것이 될 터이다. 신은 그 죄를 짊어지는가? 토라의 텍스트를 믿는다면,

대답은 부정적이다. "이제 너는 네 손으로부터 네 아우의 피를 받아들이기 위해 입을 벌린 이 대지보다 더 저주받을 것이다! 네가 땅을 갈아도, 이 땅은 더 이상 소출을 내주지 않을 것이다. 너는 세상을 떠돌아다니는 방랑자와 도망자 신세가 될 것이다." 이 대목은 악과 의식 문제의 중심에 있기 때문에 우리는 왜 원죄와 책임의 의문이 그 속에 가장 심층적인 뿌리를 내리고 있는지 알게 된다. 아담과 이브가 오직 신에 대해서만 저지른 죄가 용서받았다 할지라도, 카인의 범죄는 동생이라는 사람에 대해 저질러졌기 때문에 이 희생자에 의해서만 용서받을 수 있었을 것이다. 그런데 전통이 가르치는 바에 따르면, 죽은 아벨은 용서하지 않았다.

복수도 그 대리적인 용서도 한 존재의 죽음을 속죄할 수 없다. 오직 전적으로 인간적이고 자유로운 정의만이 받아들여질 수 있다. 그러나 엄밀하게 개인적인 차원에서는 복수가 용서와 대립된다고 우리의 스승들은 되풀이하여 말했다. 예컨대 라바는 〈로슈 하샤나〉 편에서 이렇게 말하고 있다. "복수를 단념하는 자는 자신의 모든 죄들이 용서받게 됨을 보게 될 것이다. 왜냐하면 **하느님은 못할 짓을 했어도 용서해 주시고, 모든 죄를 눈감아 주신다**〈미가〉 7,18)라고 씌어 있기 때문이다. 하느님은 누구에게 죄악을 용서해 주는가? 죄를 망각하는 자이다."〈사무엘하〉 21장의 문제적인 한 대목을 보자. 그것은 탈무드의 〈예바모트 Yébmot〉 편에서 명료하게 밝혀지고 해설되어 있으며——엠마누엘 레비나스도 예전에 그것에 대해 탁월한 해설을 한 바 있다. 다윗은 사울이 기브온 사람들에 대해 저지른 죄를 보상하려고 한다.[110] 그는 그들에게 이렇게 말한다. "그대들이

야훼께서 당신의 것으로 삼으신 백성에게 복을 빌어주도록 하기 위해선 내가 어떻게 하고 어떤 속죄를 드렸으면 좋겠소?" 그리고 그는 말한다. "그러니 원하는 게 무엇입니까? 들어드리겠소." 그들은 왕에게 이렇게 대답한다. "우리를 멸종시켜 파멸시키고, 이스라엘 영토에서 우리를 완전히 쫓아내려고 계획했던 사람이 있었습니다. 그의 후손 일곱 사람을 넘겨 주십시오. 그러면 우리는 야훼가 선택하신 그 사울의 언덕에서 야훼 앞에서 그들을 매달아 죽이겠습니다."[111] 다윗은 그들을 넘겨 주었지만 사울의 손자이고 요나단의 아들인 므비보셋은 제외했다. "기브온 사람들은 그들을 산 위에 올라 야훼 앞에서 나무에 매달았고, 그들 일곱은 함께 죽었다."

이 텍스트는 무엇을 의미하는가? "자식의 잘못 때문에 아비를 죽일 수 없고, 아비의 잘못 때문에 자식을 죽일 수 없다"(《신명기》 24,16)고 씌어 있지 않은가? 랍비 히야 벤 아바(Hiya ben Abba)는 R. 요하난(Johanan)[112]의 이름으로 이렇게 말했다. "하늘에 계신 이름을 공개적으로 신성모독하느니보다는 토라의 자의(字意)를 무효화시키는 게 낫다." 아버지의 잘못 때문에 사울의 일곱 자손들이 죽임을 당하게 할 수 없다고 그들을 넘기는 것을 다윗이 거부했다면, 그 거부는 어떤 면에서 신의 이름에 대한 신성모독으로 이해되지 않을 수 없었겠는가? 다윗

---

110) 다윗은 3년 동안 흉년이 들자 야훼께 그 이유를 물었을 때, 야훼께서는 사울과 그의 가문이 가브온 사람들을 전멸시키려고 살인죄를 저질렀기 때문이라고 대답한다. [역주]

111) A. T. B., op. cit,;, A. Elkaïm-Sartre 번역.

112) 3세기경 팔레스티나 탈무드를 편집한 인물로 알려져 있다. [역주]

이 가브온 사람들의 손에 넘겨 준 이러한 복수는 야훼가 당신의 것으로 삼으신 백성을 축복하는 가장 좋은 방법이었는가? 이와 같은 축복을 야훼께서 받아들이신 것인가? 이런 문제는 탈무드의 스승(Hakhamin)들의 관심사가 아니었던 것 같다. 그들은 문제 제기를 이렇게 뒤집는다. 시나이 산의 십계명, 특히 "너는 사람을 죽여서는 안 된다"는 말을 한 번도 들어본 적이 정말 없는 것 같은 기브온 사람들이 그렇게 행동하지 않았다면, 그들에 의해 죽은 자들은 벌을 받지 않은 채 있었을 것이다. 마치 우리의 스승들에게는 살인자들이 벌받지 않고 있을 수 없다는 사실이 신의 이름에 대한 신성모독보다 중요한 것처럼 말이다! 우리 같은 현대인의 귀에는 끔찍한 이 해설은 다음과 같은 것을 의미한다. "외국인에게 저지른 범죄가 이스라엘의 땅에서 벌받지 않고 있을 수 없기 위해서는 이스라엘의 왕은 토라의 구절을 위반까지 할 수 있었다.

예루살렘 성전의 시대에 스물세 명 혹은 일흔한 명으로 구성된 최고 법정인 산헤드린만이 누군가를 사형에 처할 수 있었지만, 그 조건은 범죄에 대한 두 사람의 증인이 있어야 하고, 이들 두 사람이 범법자에게 감수해야 할 형벌을 미리 알려 줄 시간이 있어야 한다는 것이었다. 〈마코트〉 편이 우리에 가르치는 바에 따르면, "7년마다 사형 선고를 내리는 그런 산헤드린은 유혈을 즐기는 것이다. '우리가 산헤드린에 속해 있다면 우리는 결코 사형을 언도하지 않을 것이다'라고 R. 타르포운(Tarphoun)과 R. 아키바(Akiba)는 말한다." 현대 이스라엘 국가에서 사형 제도는 확립되지 않았다. 하나의 예외적인 조항이 아돌프 아이히만[113]을 사형에 처하도록 했다.

용서의 양태

"신에 대한 인간의 죄는 키푸르의 날에 용서된다. 타인에 대한 인간의 죄는 사전에 그가 타자를 달래지 않은 한 키푸르의 날에 용서받지 못한다." "키푸르의 날에 용서가 되는 것은 인간이 신에 대해 저지른 죄이며, 타인에 대해 저지른 죄는 그 이웃의 용서를 받았을 때에만 키푸르의 날에 용서가 된다."[114] 용서에 대한 유대교의 가르침에 토대가 되는 이 인용문의 마지막 부분은 사실 〈레위기〉(16,30)의 다음과 같은 구절을 랍비 엘레아자르 벤 아자리아가 해설한 것이다. "너희는 야훼에 대해 지은 모든 죄를 씻게 될 것이다." 유대-기독교 문명이 아니라 기독교 문명에서——혹은 우리의 문명처럼 기독교적 가치들을 지닌 문명에서——이 텍스트는 놀라움을 준다. 왜냐하면 그것은 용서에 대한 모든 기성관념과 모순되기 때문이다.

〈요마〉 편의 문제의 구절에서, 신이 죄지은 자를 용서하는 데 희생자를 대신할 수 없다면, 이로부터 어떤 사람들을 그게 무관심 때문이라고 추론할지도 모르겠다. 그러나 그 반대로 사람이 자기 이웃에 저지른 모든 죄악은 신에 대한 죄악이다. 일반적으로 생각되듯이, 유대교의 전통에서 신의 진정한 적은 언

---

113) 독일 나치스의 친위대 중령으로 제2차 세계대전중 유대인 대량 학살의 책임자이다. 전후 아르헨티나로 도망쳤으나 이스라엘 비밀경찰에게 체포되어 예루살렘에서 재판을 받고 처형되었다. [역주]

114) 탈무드 〈요마〉 편 p.85a. 인용된 텍스트의 첫번째는 레비나스가 번역하여 *Quatre leçons talmudiques, op. cit.*에 실었으며, 두번째는 우리가 번역한 것이다.

제나 이스라엘의 적이다. 두 가지 놀라운 확인된 사실이 그 과감성으로 인해 부각된다. 한편으로 세계를 창조한 분은 인간이 그 이웃에 저지른 죄를 용서할 수 있는 능력이 없다는 것이다! 다른 한편으로 인간에 대해 저지른 죄의 용서는 인간에 의한 대리도, 신에 의한 대리도 받아들이지 않는다. 신은 인간이 같은 인간에게 저지른 죄를 사해 주는 데 아무것도 할 수 없다. 용서의 초월은 사회성의 내재성 속에서만 완수된다. 신이 보여주는 최고의 겸손이 아닐 수 없다!

따라서 거룩한 하느님은 속죄소(贖罪所)(이것은 히브리어로 kaporet인데, 이 낱말은 우리가 앞서 보았듯이 Kippour와 kappara와 동일한 어근에서 파생되었다)도, 예전의 욤 키푸르 자체도 용서해 줄 수 없는 것을 용서할 수 있는 능력을 다행히도 인간에게 부여하고 있다. 미드라시가 언약궤(모세부터 예루살렘 성전 때까지 지성소)에 관해 "그것은 이스라엘에 용서를 가져다준다"[115]고 표명할 때 해당되는 것은 신에 대해 이스라엘 백성이 저지른 죄뿐이다. 〈요마〉 편의 같은 페이지에 나오는 하나의 결정적인 〈게마라〉는 인간들 사이에 저질러진 죄는 욤 키푸르에 용서받을 수 없다는 것을 반박하고 있다. "랍 요세프 바르 하부는 랍비 아바후에 이렇게 반박했다. **사람이 자기 이웃에 저지른 죄는 욤 키푸르에 속죄를 받을 수 없다고요?** 하지만 누군가 다른 사람에 대해 죄를 저지르면 엘로힘이 그를 위해 개입한다고 씌어 있습니다!"[116]

---

115) Midrach *Tanhuma*, *L'Âme de la vie*, Verdier, 1986에서 인용.
116) *Traité Yoma*, *op. cit.*, 그리고 〈사무엘 상〉 2,25.

여기서 신은 심판자의 의미인 **엘로힘**에 의해 지칭된다. "그러나 그가 죄를 짓는 대상이 신 자신이라면, 누가 그를 위해 개입하는가?" 랍비 아바후의 대답은 이렇다. "누군가 다른 사람에 대해 죄를 짓고서 그 사람의 용서를 받는다면, 신도 그를 용서할 것이다. 누군가 죄를 짓는 대상이 엘로힘이라면 누가 그를 위해 (신을 상대로) 개입하는가? 회개와 선한 행동이다."[117]

이것은 '인간에 대한 것이 문제될' 때는 선한 행동도 회개도 용서를 가져다줄 수 없다는 반박할 수 없는 증거가 아닌가? 따라서 속죄의 **고행**(techouvah), **기도**(tefilah) 그리고 **자비**(tsedakah)는 로슈 하샤나와 욤 키푸르에서 숙명적 판결을 지우는 데 절대적이라 할지라도, 내 죄로 인해 상처받은 사람이 나를 용서하지 않았다면 아무 소용이 없다. 내가 그의 용서를 받고자 했는데 그가 거부한다면 어떻게 되는가? 랍비 요세(Yossé)는 이렇게 대답한다. "이웃에게 용서를 요청하는 자는 그에게 세 번 이상 요청해서는 안 된다." 요세는 요셉의 형제들이 아버지 야곱이 죽었을 때 드리는 간청에서 이 대답을 끌어내고 있다(〈창세기〉 50,17): "제발 용서해 주어라. (…) 이제 부디 용서해 주어라."

그러나 다음과 같은 또 다른 문제, 더욱 심각한 문제가 즉시 나타난다. (그 사이에) 상처받은 사람이 죽었다면? "죄지은 자는 열 사람을 모아서 그의 무덤 앞에 데리고 가 이렇게 말해야 한다: 저는 이스라엘의 하느님인 엘로힘에게, 그리고 제가 해

---

117) *Traité Yoma, op. cit.*, 필자가 수정했음.

를 끼친 아무개에게 죄를 지었습니다." 그렇다면 사람을 죽인 자는 어떻게 되는가? 죽은 자가 사후에 용서할 수도 없고, 더 이상 존재하지 않는 자를 대신해서 누군가가 용서해 줄 수도 없는데, 용서가 가당키라도 한단 말인가? 〈신명기〉의 매우 신비로운 장을 보면 이렇게 씌어 있다. "너희 하느님 야훼께서 너희에게 주신 땅에서 누구에게 살해되었는지 알 수 없는 시체가 들판 한복판에서 발견될 경우," 시체가 있는 곳에서 가장 가까운 도시의 장로들과 재판관들은 이 시신에게 다음과 같이 말한 후에 암송아지 한 마리를 속죄의 제물로 바쳐야 한다. "우리의 손은 이 사람의 피를 흘리지 않았습니다. 우리는 현장을 목격하지도 못했습니다. 야훼여, 주께서 구해 주신 주의 백성 이스라엘을 용서하소서. 주의 백성 이스라엘 가운데서 죄 없는 피가 흐르지 않게 하소서!"[118]

이러한 맥락에서 예루살렘 법정이 사형을 내리고 이스라엘 대법원이 그것을 인준한 아이히만의 단죄는 어떤 면에서 이스라엘의 정의——토라와 탈무드로부터 물려받은 정의——의 맥락상 진정으로 예외인가? 명확히 말하면, 산헤드린과 관련된 탈무드의 한 계율——이 계율은 자세히 살펴볼 만하다고 생각된다——때문인데, 이 계율에 따르면 스물세 명의 만장일치로 결정된 사형 선고는 실행되어서는 안 되고 그 반대로 피고를 석방할 의미를 포함한다. 어떤 면에서 사형 선고의 만장일치는 이의가 **제기될 수** 있는 게 아니라 이의가 **제기되어야** 하는가? 만장일치를 문제 삼아야 하는 이유는 이런 까닭이다. 즉 모

---

118) Deutéronome 21, 1-8.

든 재판관들이 사형을 선고하는 것은 자비의 소리를 듣지 못했기 때문이라는 것이다. 그러니까 준엄하지만 정의로운 재판관들 가운데는 랍비 아키바나 랍비 타르포운의 제자 한 사람이 항상 존재해 그가 자비로 충만한 신의 변호인, 용서의 변호인이 되어야 한다는 것이다. 다만 이러한 조건이 충족될 때만 재판관 다수에 의한 판결은 승리를 하고, 따라서 엄격한 정의가 적용될 수 있다. 그러나 아이히만은 그가 저지른 불멸의 죄가 지닌――최소한!――예외적인 성격으로 인해 그런 일반적인 규범을 준수해야 하는 재판에 속할 수가 없었다. 그렇다고 그의 첫 판결에 대한 항소가 이루어지지 않은 것은 아니다. 그러면 탈무드의 그 금지가 적용되는 통상적인 맥락으로, 특히 라쉬의 해설로 되돌아가 보자. "이 인간――이 경우 사형을 받아 마땅한 피고인――이 무엇인지 지시하는 말이 우리가 그에 대해 품는 생각과 동일하다면, 정의는 더 이상 없다."[119] 정의는 판결하는 객관적인 말과 재판관들의 주관성 사이에 상관관계가 없을 때에만 가능하다는 이런 생각은 참으로 훌륭하다.

용서가 매순간 가능한 세계에서는 용서의 가치가 떨어질 위험이 있지 않은가? 왜냐하면 그 어떠한 용서로도 누그러뜨리지 못할 타자의 고통, 모든 다른 사람들의 고통이 있기 때문이다. 나의 죄 없는 무한한 죄의식 앞에서 어떤 용서가 가능한가? 그러나 용서에 상응하고 용서를 넘어서는 어떤 죄의식이 있지 않은가? 내가 부지불식간에 저지르는 악과 내가 행하지 않은 선에 대한 용서는 존재하는가? 이 모든 의문들은 모두가

---

119) 대(大)제사장인 Gilles Bernheim의 번역임.

우리에게 제기된다.

신에 대한 죄가 문제일 경우, 키푸르 때 용서받는 것은 나에게 달려 있다. 타인에 대해 저지른 죄들이 문제일 때는 다르다……. 여기서 다음과 같은 엠마누엘 레비나스의 글을 인용해 보자. 그것은 방금 언급된 것을 더할 나위 없이 결론짓고 있으며, '타자'로서의 신에 대한 앞으로의 내용을 가장 잘 열어 주고 있다.

"우리가 방금 배운 것의 엄청난 성격을 헤아려 보자. 신에 대한 나의 죄는 내가 신의 의지에 종속되지 않은 채 용서된다. 신은 어떤 의미에서 전형적 타자이다. 타자로서의 타자, 절대적으로 타자이다. 그러나 이 신과 나의 조정은 나한테만 달려 있다. 용서의 도구는 내 손안에 있다. 그 반대로 나의 형제이고 이웃인 인간은 절대적으로 타자인 신에 비해 무한이 덜 타자이지만, 어떤 의미에서는 신보다 더 타자이다(…)."[120]

이스라엘과 관련된 '타자'로서 신

인간 상호간의 관계에서, 그리고 창조주-피조물의 관계에서 용서에 대한 유대교적 차원을 대략적으로 검토한 지금 또 다른 차원이 검토되어야 한다. 그것은 인간이 신에게 해명을 요구하는 차원이다. 그것은 인간과 거룩한 하느님 사이의 대화라는 특

---

120) *Quatre leçons talmudiques*, *op. cit.* p.36.

수하게 유대교적인 차원이다. 전능한 신이 세계에 대해, 인간 일반에 대해 그리고 특히 이스라엘에 대해 불의를 저지를 수 있었고 신 자신이 용서받으려고 한다는 것이 있을 수 있는 생각인가? 이 질문은 우선적으로 신성모독처럼 나타날 수 있지만 유대교의 확실한 스승들은 이 질문을 제기했다. 토라의 여러 대목이 탈무드 이래로 이러한 관점에서 읽혀졌다. 이스라엘의 자손들이 자신들의 유일한 구세주로 생각한 분, 자비로운 분이 어떤 불의를 저지를 수 있단 말인가! 토라에서 이러한 주장이 제기되는 가장 유명한 경우는 〈민수기〉(28,15)에 나타난다. 거기서 문제는 이스라엘의 자손들이 특히 매월 초하루에 야훼께 정기적으로 바쳐야 하는 제물이다. 의무적인 제물과 봉헌물 다음에 이렇게 씌어 있다: "거르지 않고 바치는 번제물과 제주 이외에도 속죄물로 숫염소 한 마리를 나에게 바쳐야 한다."

이 구절을 있는 그대로 읽으면 그것은 유대교 전통에서 우리가 라쉬와 탈무드의 '의무적인' 해설이라 부르는 것에 의존해야 할 원초적 필요성을 완벽하게 예시하고 있다. 사실 이 해설을 모르는 독자는 자기 길을 계속 갈 것이다. 그는 실제로 토라에서 유일한 구절 옆을 지나간 것이다. 라쉬 자신이 전하는 탈무드적 독서는 이렇다. "거룩한 하느님은 말한다. '달의 크기를 줄인 나를 위해 속죄해 주어라.'"[121]

무슨 말인가? 가르침이 각별한 현자인 랍비 쉬몬 벤 파지는 〈창세기〉의 다음과 같은 두 구절 사이의 모순을 밝혀냈다. "하느

---

121) A.T.B., op. cit., traité Houlines.

님은 두 개의 커다란 빛을 만드셨다"(1,16). 그리고 바로 그 다음에 이렇게 씌어 있다. "큰 빛(…)과 작은 빛." 파지의 설명에 따르면 태양과 달의 창조 순간에 달은 신에게 이렇게 말했다. "세계의 절대자이시여, 두 왕이 같은 왕관을 쓰는 게 가능합니까?" 하느님은 그에게 대답했다. "그럼 네 모습을 좀 작게 줄여라!" 그러나 하느님은 달의 불만을 확인했을 때 (이스라엘의 자손들에게만 오로지!) 이렇게 명령했다. "나를 위해 속죄의 제물을 바쳐라!" 그런데 엠마누엘 레비나스는 〈유대교와 케노즈[122]〉[123]라는 놀라운 텍스트를 해설했다. 그는 "게다가 야훼에 경의를 표하여 속죄물로 숫염소 한 마리"라는 구절에서 출발해 이렇게 말하고 있다. "문제가 없는 텍스트이다. 그러나 문제는 히브리어 문자의 애매성 때문에 나타난다. '야훼에 경의를 표하여 속죄'라는 말은 또한 '야훼를 위한 속죄'로도 읽혀질 수 있다. 마치 야훼는 당치도 않지만! 숫염소 한 마리의 제물을 통해 속죄해야 할 죄를 지은 것처럼 말이다. 신의 속죄를 위해 제공되는 숫염소 한 마리 말이다!"

비(非)입문자를 놀라게 할 수 있는 사유의 연쇄이지만, 이와 같은 부정할 수 없는 논리를 넘어서 여기에는 어떤 근원적인 가르침이 있지 않은가? 토라의 율법박사들인 하카밈들은 흩어진 유대민족에 15세기 동안 정신의 자양을 주었는데——그리고 그들이 없었다면 오늘날 유대교는 더 이상 존재하지 않을 것이다——이들의 사상에는 횡설수설은 전혀 없다. 이스라엘 백

---

122) 케노즈(Kénose)는 신의 자기 낮춤 · 비하, 인간의 경지까지 내려가는 자기 비움과 섬김을 뜻한다. [역주]

123) À l'heure des nations, Éditions de Minuit, 1988, p.135.

성이 황금 송아지의 죄를 짓자, 엘로힘은 그들을 절멸시키고자 했다. 오로지 모세의 개입으로 인해 엘로힘은 측은한 마음이 들어 분노를 거두었다. 바로 여기서 우리는 성서에서 여러 번에 걸쳐 되풀이되는 다음과 같은 표현을 만난다. "하느님은 자신의 백성에게 가하고자 했던 불행을 후회하신다."

쇼아의 문제들을 미리 생각할 때, 조지 슈타이너의 말을 인용하는 것은 중요하다. 그것은 〈은유의 기나긴 삶: 쇼아의 접근〉[124]이라 제목이 붙은 한 연구에서 발췌한 것이다. "(…) 쇼아에서 유대민족('근원: Radix, 모체: Matrix')은 (…) 신을 위해 죽은 것으로, 신이 무관심 혹은 부재 혹은 무능력하다는 받아들일 수 없는 죄의식을 그들 스스로가 책임진 것으로 보일 수 있고 이해될 수 있다." 사람들이 이러한 가설을 전율하면서 감히 제시할 수 있다 해도, 그 어떤 의미에서도 쇼아는 인간들의 죄를 위한 속죄일 수 없다는 것을 슈타이너는 오래 전부터 이해하고 있었다. 그러나 그 반대로 그러한 가설을 완수하게 된다면 그 주체는 인간들의 유일한 광기이고, 문자 그대로 **속죄 불가능한** 순전한 증오이다. 그 고통은 더 이상 순교자들의 고통조차도 아니다. 그것은 역사에 나타나는 수많은 믿음의 순교자들의 것과는 **다른** 것이다. 왜냐하면 이 순교자들은 자신들의 생명을 구하기 위해 자신들의 신앙을 부인할 수 있었지만, 유대인은 무신론자이든 전향자이든 그런 부인 자체가 불가능했기 때문이다.

---

124) "La Longue vie de la métaphore: Une approche de la Shoah," *L'Écrit du temps*, 14/15, Éditions de Minuit, 1987.

하시디즘(hassidisme)은 18세기 말엽 중부 유럽에서 발 셈 토브에 의해 창립된 신비주의적 운동인데, 신이 인간에게 부여하는 용서에 신에 대한 인간의 용서가 부응해야 한다는 그 이념을 매우 멀리 밀고 나아갔다. "이로부터 욤 키푸리움이라는 복수태"[125]라는 말을 엘리 비셀은 《하시디즘의 제전》[126]에서 쓰고 있다. 또한 그는 하시디즘의 가장 유명한 스승들 가운데 한 사람인 랍비 레비 이츠하크 드 베르디체프(Levi-Yitzhak Berditchev)의 말을 전한다. "오늘은 심판의 날이다. 다윗은 그의 시편에서 이것을 선언하고 있다. 오늘 모든 존재들은 당신께서 판결을 내리도록 당신 앞에 있습니다. 그러나 저는, 사라 드 베르디체프의 아들인 레비 이츠하크는 오늘 심판받는 것은 당신이라고 말하고 공언합니다! 당신을 위해 고통받고, 당신의 이름과 당신의 법과 당신의 약속을 성스럽게 하기 위해 당신 때문에 죽는 당신의 자식들에 의해서 말입니다!"

신은 악을 거두었다……. 신이 대속하고 용서하는 것은 죄를 지은 인간만이 아니라, 피조물에 대해 불의를 저지른 신 자신이다. 인간은 이 불의로 인해 속죄의 제물을 바쳐야 한다. 《먼곳의 석양》에서 엘리 비셀은 작중 인물들 가운데 한 사람, 즉 자신을 신으로 간주하는 신비주의적 광인에게 이렇게 말하게 한다. "나는 신이다. 왜냐하면 나는 죄를 지었고 모든 인간들 전체보다 더 많은 죄를 지었기 때문이다."[127] 우리는 여기서 《카라

---

125) 용서의 요구가 신과 인간 사이에 상호적이라는 의미이다. [역주]

126) *Célébration hassidique*, Le Seuil, coll. "Points Sagesses," 1972, p.116-119.

127) Élie Wiesel, *Le Crépuscule, au loin*, Grasset, 1988, p.187.

마조프의 형제들》에서 조시마 장로의 유명한 말에 대한 반응이
나 대답——아니 그보다는 질문——같은 것을 듣는 듯하다.
이 말은 엠마누엘 레비나스가 매우 자주 인용한 바 있다. "우리
는 모든 사람 앞에서 모든 것에 대해 그리고 모든 사람에 대해
죄가 있으며, 나는 다른 모든 사람들보다 죄가 있습니다."[128]
그렇다면 모두에 대해 더 많이 죄를 지은 것은 인간인가, 아니
면 신인가? 이와 같은 보편적인 죄의식 앞에서 용서 자체는 무
력한 것 같다. 왜냐하면 모든 사죄, 모든 정신적 **회복**(techouva)
를 넘어서는 죄의식에는 어떤 용서가 필요한가?라는 의문이 제
기되기 때문이다.

128) *Les Frères de Karamazov*, Gallimard, coll. "Bibliothèque de La
Pléiaade," p.310.

III
쇼아와 용서할 수 없는 것

용서할 수 없는 것을 용서할 수 있는가?

쇼아의 끔찍한 문제, 나아가 모든 반인류 범죄의 문제에 접근하지 않고 더 이상 어떻게 내가 용서에 대해 세밀하게 성찰할 수 있단 말인가? 이 문제는 우리를 사로잡는다. 어떤 방식으로 그것을 제기할 것인가? 결국 진정한 문제는 유대인의 불가능한 용서라기보다는 심층적이고 공동체적인 뉘우침의 문제이다. 용서한다는 것은 희생자라는 자신의 조건을 없애는 것이다. 그것은 자신의 치유할 수 없는 상처를 벗어던지는 것이고, 혹은 최소한 모든 도덕적 상처의 치유할 수 없는 내용을 없애는 것이다. 그러나 용서를 요구한다는 것은 대개의 경우 역시 어렵다. 왜냐하면 그것은 저질러진 죄를 자신의 자존심을 망각하면서 사죄하고 **속죄하고자** 하는 자에게 무언가 대가를 치르게 한다는 점 때문이다. 용서해 주는 자가 자신이 당한 해악을 지배된 해악으로 바꾸는 책임을 안아야 하는 경우를 제외하면 말이다. 반복해 말하지만, 각각의 유대인은 자신에게 진심으로 용서를 요구하는 자——나아가 어쩌면 모든 인간——를 용서해야 하고, 우리가 앞서 보았듯이, 어떤 경우에도 세 번 이상 거부를 내세울 수 없다. 그가 스승인 경우를 제외하곤 말이다.

우리는 한 인간이 타인에 대해 저지른 죄를 사해 주는 용서의 효율 차원으로 다소 성급하게 넘어오지 않았는가? 〈미슈나〉의 텍스트는 분명하게 이렇게 말한다. "욤 키푸르가 타인에 대해 한 인간이 저지른 죄를 속죄하게 해주는 경우는 이 타인이 그를 용서해 주었을 때뿐이다."[129] 중요한 낱말은 속죄이다. 왜냐하면 그것은 속죄 없이는 용서는 불가능하다는 점을 의미하기 때문이다. 용서를 청한다는 것은 이미 회개한다는 것이며, 따라서 자기가 저지른 악을 자신으로부터 멀리 내던지고자 한다는 것이다. 이것이 첫번째 단계이다. 두번째 단계는 용서의 획득이고 세번째는 속죄이다. 그런데 유대인들만을 상대로 하는 이 텍스트는 유대인들에게만 관계가 있는가? 그것이 내놓는 원칙들은 보편적으로 인정되지는 않고 있다 할지라도 보편적이 아닌가?

시몬 비젠탈이 《태양의 꽃》[130]에서 풀어놓는 아연실색할 이야기를 보자. 그가 엘보프의 자노브스카 수용소의 **수감자** (Häftling)일 때, 어느 날 전선에서 부상당한 나치 병사들을 위한 군병원으로 개조된 기술대학에 보내진다. 나치 친위대의 한 병사는 죽어가면서 여자 간호사에게 유대인 한 명을 데리고 오라고 요구한다. 우연하게도 시몬 비젠탈이 선택되었고 그는 자신이 예전에 알고 있었던 그 사무실에 오게 되었다. 그것은 그

---

129) Traité *Yoma*, *op. cit*.

130) Simon Wiesenthal, *Les Fleurs du soleil*, Stock, Paris; 1969. 신판 Albin Michel, coll. "Espaces libres," 2004.

자신이 건축학을 공부했던 대학의 옛 학장의 사무실이었는데 죽어가는 자의 방으로 바꾸어진 것이다. 단말마 상태의 그 젊은 나치는 자신의 고통을 통해서, 그리고 자기가 호출한 미지의 한 유대인 수용자에게 자신의 죄를 이야기함으로써 죽기 전에 죄를 속죄하고자 한다. 죽어가는 나치 친위대원과 뉘른베르크법에 의해 사형 선고를 받은 유대인 사이의 이 초현실적인 만남 동안에 무서운 독백이 이루어진다. 어느 쪽도 상대방의 얼굴을 보지 못한다. 왜냐하면 나치의 머리는 완전히 붕대로 감아져 있기 때문이다. 그 전쟁 전체에서 이와 같은 또 다른 만남이 하나라도 있었는가?

젊은이는 자기만큼이나 역시 젊었을 시몬 비젠탈에게 자신의 이야기를 처음부터 끝까지 한다. 반면에 비젠탈은 이 나치 친위대원이 저지른 범죄의 가공할 이야기를 듣기가 점점 더 힘들어진다. 가톨릭 교육을 받은 친위대원은 히틀러청소년단에 들어갈 때까지 가톨릭신자였다. 시몬은 전쟁이 끝난 후 이 젊은이의 어머니를 만나게 되는데, 이 아들이 저지른 가증스러운 짓에 대해 아무 말도 하지 않는다. 어머니는 시몬에게 이렇게 말한다. "칼은 나쁜 짓은 아무것도 하지 않은 게 틀림없어요. (…) 얼마나 착한 아이였는지 몰라요."

친위대원이 이야기하는 장면은 러시아에 있는 드니프로페트로프스크의 작은 마을에서 전개된다.

"그들은 대략 백오십 명 내지 이백 명 정도인데, 그 가운데 많은 아이들이 큰 눈을 고정시킨 채 우리를 바라보고 있습니다. 그 숫자는 얼마 안 되지만 어떤 자들은 소리 없이 울고 있습니다.

엄마의 품안에 있는 몇몇 갓난아이들도 있지만 청년들은 거의 없습니다. 나이 든 여자들과 남자 노인들이 많습니다.

나는 보다 가까이 도착하면서 그들의 눈이 드러내는 표정을 알아봅니다. 두려움이죠. 묘사할 수 없는 두려움 말입니다. 그들은 자신들을 기다리고 있는 것이 무엇인지 알아야 합니다……. 트럭 한 대가 기름통들을 싣고 도착합니다. 우리들 가운데 몇몇은 그것들을 내려서 이웃집 문 앞에 쌓으라는 명령을 받습니다.

가장 건장한 유대인들은 위층에 그것들을 올려놓아야 합니다. (…) 그리고 우리는 유대인들을 그 집 안으로 밀어넣기 시작합니다."

이야기의 이 단계에서 시몬 비젠탈은 방을 떠나고자 한다. 그러나 칼은 그에게 남아 달라고 애원한다.

"모든 게 준비되었다는 신호가 떨어지자, 우리는 몇 발자국 뒤로 물러서서 안전핀을 뽑은 뒤 수류탄들을 유리가 없는 창문들을 통해 집 안으로 던집니다. 폭발이 계속됩니다……. 오 하느님!

우리는 울부짖는 소리를 듣고, 모든 것을 집어삼키는 불꽃이 위층으로 올라가는 것을 바라봅니다……. 우리는 이 지옥으로부터 빠져나오려고 하는 자들을 사살하려고 총을 겨누고 있습니다……. 울부짖는 끔찍한 소리들이 집으로부터 솟아오릅니다 (…)."

그 공포스러운 장면을 되살리면서 단말마의 젊은 친위대원은 전신을 부르르 떤다. 비젠탈은 이렇게 덧붙이고 있다. "나는 그가 자신의 잔인한 이야기를 끝까지 하기 위해 최후의 기력을 발휘해 힘을 집중하고 있음을 본다." 칼은 자신이 '초대한 자'에게 기다려 달라고 다시 한번 애원한 뒤 이야기를 계속한다.

"이층의 열려진 창문을 통해 한 남자가 팔에 어린아이를 안고 있는 모습이 눈에 띕니다. 그의 옷은 불길에 휩싸여 있고, 한 여자가 그의 옆에 있습니다. 어린아이의 어머니인 게 분명합니다. 그 남자는 다른 쪽 빈손으로 어린아이의 눈을 덮습니다——그리고 그는 아이와 함께 길로 뛰어내립니다. 곧바로 어머니가 그들을 따라 뛰어내립니다. 다른 창문들을 통해서도 불타오르는 형태들이 아래로 몸을 던집니다……. 우리는 사격을 가합니다……. 오 하느님!"

죽어가는 자는 그 모습들을 더 이상 보지 않으려는 듯이 머리에 감겨진 붕대에 손을 얹었다. "나는 얼마나 많은 사람이 불길 속에서 죽는 것보다 뛰어내리는 것을 선택했는지 알지 못합니다. 그러나 그 가족을——특히 어린아이를——결코 잊을 수 없을 것입니다. 그는 검은 머리, 검은 눈을 지니고 있었습니다……."

며칠 뒤 칼이 적을 공격할 때 포탄 하나가 그의 곁에 터진다. 그는 수술 후를 이렇게 말한다. "고통은 점점 더 참을 수 없었고, 나는 온몸이 진통주사 자국투성이가 되었습니다(…). 나는 이미 내 행위에 대한 벌을 겪고 있습니다. 나를 고문하는 것은 내 육체의 견딜 수 없는 고통만이 아니라, 불길에 휩싸인 그 집 앞의 장면들을 끊임없이 회상시키는 나의 양심입니다." 또한 그는 자신의 말할 수 없는 범죄를 절망적으로 속죄하고자 이런 말을 덧붙인다.

"믿어 주시오. 드니프로페트로프스크의 그런 범죄가 다시는 결코 일어나지 않도록 더욱 오랫동안 더욱 고통받을 준비가 되어 있습니다. (…) 난… 나는 여기서 내 죄의 벼락을 맞았습니다……. 내 인생의 마지막 순간에 당신이 내 곁에 있습니다. 나는 당신이 누구인지 모릅니다. 다만 내가 아는 것은 당신이 유대인이라는 사실입니다. 그거면 충분합니다."

자신에게 남아 있는 숨결에서 이러한 고백을 뽑아내자, 그 독일인은 시몬 비젠탈에게 다음과 같은 기도만을 덧붙인다.

"'내가 당신에게 이야기한 것이 끔찍하다는 걸 나는 압니다. 내가 죽음을 기다리는 기나긴 밤들 동안, 나는 그 모든 것에 대해 유대인과 이야기하고 싶은 욕망에 사로잡히고 있습니다. 그리고 그에게 용서를 청하고 싶은 욕망… 다만 나는 아직도 유대인들이 있는지 알지 못했습니다.

나는 내가 많은 것을, 거의 너무 많은 것을 당신에게 요구한다는 것을 알고 있습니다. 그러나 대답을 듣지 않고는 평화롭게 죽을 수 없습니다.'

서로 알지도 못하는 두 사람은 운명에 의해 몇 시간 동안 함께했다. 한 사람은——사실 그를 위해 아무것도 해줄 수 없는——다른 사람의 도움을 기다린다.

나는 일어서서 그 젊은이 쪽을 바라보고, 그의 합장한 두 손을 바라본다. 태양빛이 그 두 손 사이에 퍼지는 것 같다.

나는 결심을 한다. 한마디 말도 없이 나는 그 방을 떠난다."

시몬 비젠탈이 전하는 이야기 전체는 악의 문제를 극도로 함축성 있게 제기한다. 제2차 세계대전 당시 유대인 학살계획의 주창자들에게 형이상학적 권력을 역설적으로 부여하는 것이 아니라면 우리는 이 문제를 형이상학적 악으로 명명하고 싶은 마음까지 생긴다. 검은 머리, 검은 눈을 가진 그 어린아이의 얼굴, 결코 본 적이 없는 그 얼굴은 백오십만 명의 유대인 어린아이들의 말살이 제기하는 영원히 절대적인 수수께끼를 상징한다. 시몬 비젠탈이 수행한 것은 분별 있고 책임 있는 한 존재가 양심에 거리낌 없이, 다시 말해 자신이 아니라 희생자들을 생각하면서 할 수 있었던 모든 것이었다. 그는 자신이 할 수 있는 모든 것을 했다. 나머지는 그의 소관이 아니었다. 나머지는 죽은 자들의 몫이었다. 그는 칼이라는 친위대원이 잡았던 그 손, 아마 마지막 유대인 손이었을 것이다……. 그는 아마 죽어가는 친위대원의 고백을 들은 적이 있는 유일한 사람이었을 것이다. 용서의 요청에 그는 자신이 할 수 있는 것만을 했다. 그는 안 된다는 부정보다 나은 침묵을 통해서 대답했다.

용서와 망각

책의 제2부에서 시몬 비젠탈은 프리모 레비로부터 레오폴드

세다르 상고르까지, 르네 카생에서 독일연방 대통령을 지낸 구스타프 W. 하이네만까지 잘 알려진 혹은 조금 덜 알려진 많은 인물들의 반응을 싣는 데 주력했다. 하이네만은 비젠탈과 친위대원 어머니와의 만남이 어떤 의미에서 아들 친위대원과의 만남만큼이나 중요하다고 간주한 드문 사람들 가운데 하나였다. 시몬 비젠탈은 이 방문 이야기를 다음과 같은 문장으로 끝내고 있다. "나는 그 가련한 여인에게 남은 유일한 것, 즉 선하고 아량 있는 아들을 두었다는 확신을 그녀에게서 **빼앗지** 않는 채 헤어졌다." **자기 뜻과는 상관없이** 그는 칼의 어머니가 지닌 마지막 희망, 마지막 추억을 부수지 않는 것, 그 일을 할 권리가 있음을 느꼈다.

구스타프 W. 하이네만은 자신의 반응 끝에 이렇게 쓰고 있다. "(법으로 이해된) 권리와 자비 사이의 갈등이 당신이 쓰는 이야기의 길잡이입니다. 그러나 권리와 법은 그것들이 아무리 값진 것이라 할지라도, 자비 없이는 존재하지 않습니다. 바로 이것이 예수 그리스도가 가져온 것입니다. 바로 그것을 그분이 수행하신 것입니다." 모세가 확립한 것을 폐지할 정도였던 나사렛 예수의 특성은 무엇인가? 신 자신은 인간이 이웃에 대해 저지른 죄——이 '죄(offense)'란 낱말은 비극적으로 가소롭지 않은가!——를 용서할 수 없다면, 예수는 어떤 권위로 그것을 용서할 수 있단 말인가?

그러나 유대인과 기독교도 우리는 자크 마리탱의 다음과 같은 말을 통해 화해하고 있다. "나는 네가 **나에게** 저지른 악만을 용서할 수 있을 것이다. 네가 다른 사람들에게 저지른 가증스러운 것들은 어떻게 내가 **그들의 이름으로** 용서할 수 있겠는가? 네가 저지른 것은 인간적으로 용서가 불가능하다. 그러나 **네 신의 이름으로** 나는 너를 용서한다!" 헤세 나사우의 순복음교회협회 회장이었고 "나치즘에 대항한 개신교 저항 운동을 낳은" 단체를 창설한 마틴 니묄러의 반응은 유대교와 더 가깝다. 왜냐하면 그는 시몬 비젠탈에게 이렇게 쓰고 있기 때문이다.

"지극히 고통스러운 양심을 나 자신에게 적나라하게 드러내놓는 동류 인간이 앞에 있다면, 나 같은 기독교도——아니면 최소한 나는 기독교도가 되고자 애쓴다——는 그에게 해줄 말이 이런 것일 수밖에 없을 테지만 하지 않을 수 없을 것입니다. '네가 나에게 저지른 악을 너는 회개하고 있다. 나는 내가 받아들일 용서를 통해서만 나 자신이 해방될 것이기 때문에 너를 용서한다. 나와 가까운 다른 사람들에게 네가 악을 저질렀고 그래서 나도 그 고통을 느끼고 있다면, 너를 용서해 주어야 할 사람은 그들이거나 용서를 해줄 만한 전권을 가진 자인데, 나는 아니다.'"

구스타프 W. 하이네만이 시몬 비젠탈에게 한 비판에서 가장 심각한 것은 자비와 그야말로 반대되는 권리와 법 쪽에 비젠탈 자신을 위치시키고 있다는 것이다. 그런데 그렇게 생각하는 것보다 더 잘못된 것은 없다. 왜냐하면 그런 생각은 죽은 자들은 법도 권리도 필요 없으며, 사형집행인들을 용서해 주기 위해선 법과 권리를 넘어설 줄 알아야 한다는 것을 이미 전제하는 것이 아니겠는가? 그러기 위해선 독일(서독) 법정에 의해 판결을 받은 나치 범죄자는 사형에 처해져서는 안 된다는 것이 아니겠는가? 희생자들의 입장에 선 정신상태가 배제된 채 용서하는 이상한 자비가 아닐 수 없다. 게다가 우리는 용서에 대한 그와 같은 이해가 정말 기독교적인지 자문할 수 있다. 너는 희생자들과 순교자들을 대신해서 용서해 주어라라고 어디에 씌어 있단 말인가? 그럴 경우 회개한 사형집행자는 희생자에 우선하는 게 아닌가? 다시 말하면 회개하는 나치는 그가 박해한 유대인이나 보헤미아인보다 더 많이 배려받을 권리가 있다는 것이다. 희생자들의 종교라기보다는 회개한 죄인들의 종교가 아닐 수 없다. 〈용서〉에 대한 탈무드 강의[131]에서 엠마누엘 레비나스는 이렇게 썼다. "나는 탈무드의 율법 박사들이 지옥의 법들을 침해하는 관행에 반대했다고 생각한다. 왜냐하면 자비의 법들이 어떠하든, 히틀러와 그의 추종자들에 대한 자리를 영원히 예상해 놓아야 했고, 그것을 뜨겁게 유지해야 했기 때문이다. 악을 위한 지옥이 없다면 세상에 아무것도 더 이상 의미가 없을 것이다."

기독교 도덕 신학에 따르면, 자신의 죄를 자각하지 못하는 범죄자는 주관적으로 순진무구했을 수 있다. 그러나 유대교의 경우는 그렇지 않다. 왜냐하면 〈요마〉 편 어딘가를 보면 우리가 의식 없이 저지른 죄가 문제되고 있고——그런 죄들에 대해서 속죄가 있어야 하기 때문이다. 시몬 비젠탈에 대답한 반응들에 대한 두 개의 해설을 보자. 게슈타포의 감옥을 경험했던 기독교도인 루이제 린저는 이런 질문을 그에게 제기한다. "당신은 당신의 국민으로부터 용서해 줄 수 없다는 권력을 부여받았습니까? 아니다. 아마 당신은 죽은 자들의 의지에 반하여 행동했을 것입니다. 나는 그들이 상황이 어려웠던 점을 고려

---

131) *Quatre leçons talmudiques*, *op. cit.*

해 정상참작을 해주길 바랍니다." 바로 이것이 불공정한 판단이 아닌가? 친위대원을 만난 날 저녁에 비젠탈은 자기가 갇혀있는 막사의 가장 가까운 친구들에게 죽어가는 그 친위대원 앞에서 자신이 취한 태도를 이야기했다. 그러자 그들 가운데 한 사람인 조세크는 '지극히 종교적인 유대인'인데 그에게 이렇게 말했다.

"생각해 보게. 자네가 그 친위대원과의 만남을 우리한테 이야기하는 동안 나는 자네가 용서라는 말을 무심코 하지 않을까 거의 두려움을 느꼈네. 자네는 자네에게 그런 용서를 허락하지 않은 사람들의 이름으로 용서할 수는 없었을 것이네. 자네가 용서해 주고 싶다면, 자네가 개인적으로 당한 것을 용서하고 잊을 수 있네. 그 경우, 자네는 자네 몫만 해결하면 되네. 다른 사람들의 고통을 자네 의식이 대신하여 책임진다는 것은 커다란 죄라고 생각하네."

"너무도 기력이 없어 다시 일어설 수 없었기" 때문에 단 한 발의 총알에 죽어 버린 이 조세크와 루이제 린저는 동일한 관념에서 악과 용서를 고려한 게 아니다. 왜냐하면 조세크는 이 여류 독일 심리학자의 다음과 같은 문장을 읽었다면 분명 '전율'했을 것이기 때문이다. "나는 당신이 용서라는 한마디 말도 없이 **회개하는** 그 젊은이를 죽게 놓아두었다는 생각에 전율합니다." 아무튼 조세크는 살해되어 죽었으며, 그 어떤 누구도 그를 대신해 용서해 주는 게 허락되어 있다고 느끼는 것을 원하지 않았을 것이다.

누가 다른 사람들의 고통, 희생자들과 순교자들의 고통을 자신의 의식으로 책임질 수 있겠는가? 이것이 쇼아의 바닥없는 심연으로 열리는 문제이다. 메시아가 아니라면 누가 책임질 수 있겠는가? 메시아의 선지자이자 유대교 전통에서 귀하신 예언자 엘리야, 엘리야후 하나비가 아닌 한 말이다. 도대체 왜 거룩한 하느님은 안 된단 말인가? 쇼아의 고통은 인간 이해의 한계를 벗어나는 그 '엄청난 극악무도함'으로 인해 모든 정치적 고통의 패러다임이 되었다. 내가 엘리 비셀에게 이러한 고통을 극복할 수 있는 메시아의 힘에 대해 질문했을 때, 그는 이렇게 말했다. "메시아의 강림이 그 정당화될 수 없는 엄청난 고통에 대한 답을 반드시 가져오지는 않을 것입니다. (…) 우리는 고통의 신학을 하지는 않았습니다. (…) 고통의 신학을 한다는 것은 거의 고통을 정당화하는 것입니다. 우리는 그것을 할 권리가 없습니다."[132]

여기서 잠시 여담을 해보자. 어느 날 장 마리 뤼스티제 추기경은 쇼아에서 죽은 유대인들에 대해 이야기했는데, 엠마누엘 레비나스가 언급하듯이 어떤 경우에든 설교되어서는 안 되는 것들까지 큰 소리로 생각하는 지경까지 이르고 말았다. "나는 어딘가에서 그분들이 메시아의 고통에 참여한다고 생각합니다. 그러나 내가 아니라 하느님만이 그것을 말할 수 있습니다. 그들을 박해한 자들은 그들 덕분에 우리가 구원받았음을 언젠가 인정하리라 생각합니다." 단번에 우리는 유대인들의 수난이 그

---

132) *Le Mal et l'Exil, dix ans après*, Nouvelle Cité, 1999. p.260-262.

들의 의지와는 상관없이 예수의 고통과 동일시되고 혼동되고 있음을 알 수 있다. 그 수난은 "곧 죽게 되었던 사람들의 절망──그리고 어쩌면 의심"──[133]을 전혀 고려하지 않는 속죄의 수난인 것이다. 결국은 이름 없는 그들의 단말마, 그들의 극심한 불안, 그들의 고통은──살인자들의 구원 조건 자체라는 말이 된다. 살인자들에 대한 용서──보다 정확히 말하면 그들의 구원──그들의 속죄는 **희생자들의 의지와는 상관없이** 이들의 작품이라는 상황의 기막힌 반전이 아닐 수 없다. 다시 한 번 이들은 치욕스러운 죽음 속에서까지, 자신들이 추구하지도 원하지도 않은 악을 대속하는 희생자들, 사후적으로 전향한 희생자들이란 말인가? 그 악은 그 어떤 신학적 정당화도, 그 어떠한 의미도, 그 어떠한 가능한 희망도, 끝으로 그 어떠한 용서도 전혀 없이 그들을 무한히 버려진 상태로 내던졌던 것이다. 유대교에는 대리를 통한 용서가 없듯이, 대리를 통한 속죄는 없다. 살해되는 사람들이 자신들에게 요청하지 않은 살해자들을 용서해 주기 위해 필요한 거리를 두는 경우는 매우 드물다. 그러나 아우슈비츠와 쇼아의 순교자들은 인간의 야만성이 낳은 희생자들과는 **다른 사람들**이 아닌가? 하지만 우리는 캄보디아와 르완다의 인종 학살을 겪은 이후에도 그렇게 다만 생각할 수 있을까?

쇼아에서 살아남은 자들이 우리에게 가르치는 것은 그 범죄가 문자 그대로 **속죄될 수 없다**는 것이고, 그것이 모든 영혼의

133) Cf. *Les Nouveaux Cahiers*, "Le scandale du mal. Emmanuel Levinas," n° 85, Paris, 1986.

상태들, 모든 개인적인 용서들을 넘어선다는 것이다. 물론 통일체를 이루고 정치적·역사적 불가분성을 나타내는 유대민족을 상징하는 이스라엘 국가에 독일 대통령이나 수상은 용서를 구할 수 있다. 그리하여 유대인들은 그것을 받아들일 수 있지만 산 자들을 이름으로 받아들이는 것이지──죽은 자들의 이름으로 받아들이는 게 아니다. 하나의 국가가 다른 하나의 국가에게 수용하는 용서는 살인자들의 자손들한테는 일종의 탈죄의식화이고, 토라의 가르침을 실천하는 것이 될 수도 있을 터이다. 왜냐하면 자식들은 부모의 죄에 대해 책임이 없기 때문이다. 그러나 내가 나 자신이 개인적으로 당한 것에 대해서만 용서할 수 있듯이, 나는 나에게 해악을 끼친 자만을 용서할 수 있다. 여기서도 그 어떠한 중재의 가능성이 없다. 용서는 두 경우 모두 대리로 이루어질 수 없다. 이것이 의미하는 바는 희생자와 사형집행자가 아직 살아 있는 가장 유리한 경우에 희생자는 가해자가 요청할 때에만 그를 용서할 수 있다는 것이다.

용서가 이루어지기 위해서는 언제나 두 사람이 필요하다. 한 사람이 없다면 용서는 불가능하다. 어느 누구도 죄인의 의식에 반하여 용서해 줄 수 없다. 나치 범죄가 시효의 대상이 되지 않음은 이 경우 신학적인 의미를 띠는 것일까? 우리는 망각의 저 깊은 심연으로부터 끊임없이 다시 솟아오르는 블라디미르 장켈레비치의 외침을 듣는다. "주여, 그들을 용서하지 마소서. 왜냐하면 그들은 자신들이 무슨 짓을 하는지 알고 있기 때문입니다." 그의 책 《시효의 대상이 되지 않는 것》[134]을 다시 한번 인용

---

134) Vladimir Jankélévitch, *L'Imprescriptible*, Le Seuil, 1986.

해 보자. 그는 용서와 망각을 혼동하는 경향이 있는 사람들에게 이렇게 경계한다. "오늘날 궤변론자들은 우리에게 망각을 권하고 있다. (…) 우리는 무덤도 없이 죽어간 강제 수용자들과 되돌아오지 못한 어린아이들의 단말마를 깊이 생각한다. 왜냐하면 이 단말마는 세계의 종말까지 지속될 것이기 때문이다."

그렇기 때문에 유대인 학살 장소들에 가톨릭 교당을 세우는 모든 문제는 쇼아의 유대교적 특수성이 상실되지 않을까 하는 염려와 관계가 있다. 동시에 그것은――어떤 항변을 제외하고는 아무것도 요청하지 않은 흉악무도한 자들에 대한 대리를 통한 속죄가 무상한――따라서 터무니없는――용서와 망각으로 이끌지 않을까 하는 점과 관계가 있다. "(…) 무상한 용서가 항상 치르게 하는 대가는 그런 용서를 모르는 무구한 사람이다"[135] 라고 엠마누엘 레비나스는 쓰고 있다.

유대교가 세계에 절대적으로 필요하다면, 그것은 또한 확실하게 유대교가――수천 년의 성스러운 역사의 시작 때부터 이 종교가 인간들에게 가져다주는 모든 것 가운데도――다음과 같이 유일하게 아니면 거의 유일하게 생각했기 때문이다. 즉 용서가 둘 사이에 이루어지는 것은 희귀할 뿐이고 그보다는 제삼자와 함께 셋 사이에서 이루어지며――단순히 부재하거나 아마 죽었거나 살해되었을――이 제삼자를 망각해서는 안 된다는 것이다. 이로부터 정의와 불가분의 관계에 있는 용서가 비

---

135) *L'Au-delà du verset*, Éditions de Minuit, 1982, p.128. 마지막 인용문은 그의 책 *Nom propres*, Le Livre de poche, coll. "Biblio essais," p.21 에서 발췌한 것이다.

롯된다. 이러한 불가분성은 잊혀진 소외된 자들이 없기 위해서이다. 그렇지 않다면 진정한 용서는 없을 것이고, 다만 "아무 비용도 들지 않는 위안과 고통 없는 연민"만이 있을 것이다.

참고 문헌

히브리어

Torah, *Névi'im, Ketouvim*, Jérusalem, Koren publishers Jérusalem, 1983.

Talmud Babli: Masévet Sanhédrin, Jérusalem, Harav Adin Steinsalzt, Israël Institute for Talmudic Publications, 1982.

히브리어/프랑스어

Le Pentateuque, traduit per le grand rabbin L. Wogue, Paris, Durlacher, 1860, 5 vol.

Le Pentateuque, avec commentaires de Rachi, traduction des membres du rabbinat français, édition réalisée sous la direction du rabbin Élie Munk, Fondation Samuel et Odette Lévy, Paris, 4e édition, 1981, 5 vol.

Kol ha-Torah-La voix de la Torah, édition du rabbin Élie Munk, Paris, Fondation S. et O. Lévy, 6e édition, 1989, 5 vol.

La Bible commentée, Tehilim(les Psaumes) et Yona(Jonas), édition des rabbins Nosson Scherman et Meir Zlotowitz, Paris, Colbo, 1991.

Les Haftarot, traduction du rabbin Jean Schwarz, Jérusalem, Éditions de l'espérance, 1980.

Erech Hatephilot – Yom Kippour, traduction par E. Durlacher, Tel-Aviv, Éditions Sinaï, 1966.

La Mishna, tome 5: 《Yoma》, traduit par le rabbin Saül Naouri, Paris, Keren Hasefer ve Halimoud, 1971.

Tefilat Yosef, Rituel de prières, traduction du grand rabbin Joseph Bloch, Paris, Fondation Sefer, 1981.

프랑스어

La Bible, traduite par les membres du rabbinat français, Paris,

Librairie Colbo, 5738(1966).

La Guemara, Traité 〈Sanhédrin〉 – traité 〈Yoma〉, traduits par le grand rabbin Israël Salzer, Keren Hasefer ve Halimoud, Paris, Colbo, 1973 et 1981.

Aggadoth du Talmud de Babylone, traduit par Arlette Elkaïm-Sartre, Lagrasse, Verdier, coll. 〈Les Dix Paroles〉, 1982.

Éphémérides de l'année juive: Tichri, traduction du Sefer Hatodaah par Robert Samuel, CLKH, 1976.

해설서 및 철학서

Vladimir Jankélévitch, L'Imprescriptible, Paris, Le Seuil, 1986.

Emmanuel Levinas, Difficile liberté, Paris, Albin Michel, 1976; Paris, Le Livre de Poche, 1990.

— Quatre leçons talmudiques, Paris, Éditions de Minuit, 1968.

— L'Au-delà du verset, Paris, Éditions de Minuit, 1982.

— À l'heure des nations, Paris, Éditions de Minuit, 1988.

— Entre nous, Paris, Grasset, coll. 〈Figures〉, 1991.

Bahva Ibn Paqûda, Les Devoirs du cœur, traduction d'André Chouraqui, Desclée de Brouwer, 3ᵉ édition, 1991.

Claude Vigée, Le Parfum et la Cendre, Paris, Grasset, coll. 〈Figure〉, 1984.

Rabbi Haïm de Volozyn, L'Âme de la vie, Nefesh Hahaïm, édition de Benjamin Gross, préface de Emmanuel Levinas, Lagrasse, Verdier, coll. 〈Les Dix Paroles〉, 1986.

Élie Wiesel, Célébration hassidique, Paris, Le Seuil, 1972.

회상록

Une famille comme les autres, lettres réunies et présentées par Denise Baumann, Paris, Albin Michel, coll. 〈Présence du judaïsme〉, 1985.

Simon Wiesenthal, Les Fleurs de soleil, Paris, Stock, 1969, nouvelle édition Albin Michel, 2004.

역자 후기

　본서의 저자 단사꿩(본명 미카엘 드 생 쉐롱)은 레비나스의 정신적 제자의 입장에서 오랫동안 그의 강의를 들어 왔으며, 앙드레 말로의 전문가로서 앙드레 말로 국제협회 회장을 역임하기도 했다. 또한 동양에 대해서도 남다르게 관심을 가지고 탐구하는 학자이다. 그리하여 단사꿩이라는 한자 이름도 갖게 되었다고 한다.

　역자는 2005년 서울 앙드레 말로 국제학술대회에서 당시에 협회 회장이었던 저자와 만남으로써 인연을 맺게 되어 이 책을 번역하게 되었다. 사실 역자는 그가 레비나스와 이처럼 가까운 인물이었고, 이 철학자의 사상에 심취해 있다는 것을 처음 알게 되었다.

　레비나스 사상을 잘 알지 못했던 역자는 이 저서를 번역하기 위해 국내에 나와 있는 레비나스의 저서나 전문가들의 저서를 참고했다. 특히 강영안 교수의 《타인의 얼굴 — 레비나스 철학》(문학과 지성사, 2005)에 도움을 많이 받았음을 밝혀둔다.

　이 책 속에 담긴 대담, 그러니까 레비나스가 타계하기 전 3년 동안(1992-1994) 저자가 나눈 대담은 그 분량이 얼마 되지 않지만 저자만이 간직했던 것인바 독보적 가치가 있다 할 것이다. 20세기 서양 철학사에서 독특한 위상을 확보한 이 '타자의 철학자'를 20년 동안이나 가까이서 지켜보았던 저자가 간직한 그의 음성에 귀를 기울여 보자.

　대담에 이어 수록된 연구에는 첫번째로 레비나스에 대한 저자의 해석이 담겨 있다. 레비나스에 대한 입문이 안 된 독자는 그 내용이 다소 어려울 수 있다고 보인다. 역자가 주를 많이 붙여 해설을 덧붙일까 하다가 단념했다. 차라리 독자가 강영안 교수의 저서를 일독하면 좋겠다는 생각이 들었다. 필요하다면 독자가 별로 어렵지 않게 씌어진 이 저서를 참조하였으면 한다.

연구에서 두번째로 나오는 것은 레비나스와 사르트르와의 관계를 다루고 있다. 특히 저자는 레비나스의 저서를 통해 후설의 현상학을 접했다는 사르트르와 그 사이에 얽힌 사적 이야기에서부터 그들의 철학들이 만나는 접점을 통해 대화 가능성을 모색하고 있다. 뿐만 아니라 카프카를 사이에 두고 타자와 초월의 주제에 대해 두 사상가가 펼쳐내는 단상들도 검토하고 있으며, 무신론자였던 사르트르가 말년에 보였던 유대교에 대한 관심도 흥미 있게 성찰하고 있다.

세번째로 저자는 레비나스와 앙드레 말로를 접근시켜 새로운 측면을 보여주고 있다. 특히 말로가 서양의 3부작 가운데 마지막 작품인 《알튼부르그의 호두나무》와 여타 에세이들에서 드러내는 기독교적 사상과 레비나스의 철학이 삶과 타자의 '현현'을 중심으로 접근되고 있음을 드러내고 있다. 뿐만 아니라 두 인물의 작품에서 신과 종교적 '계시'와 죽음의 문제도 심도 있게 탐구하고 있다.

마지막으로 저자는 유대교에서 용서의 문제를 제2차 세계대전의 유대인 학살과 연결시켜 진지하게 사유하고 있다. 쇼아와 아우슈비츠의 순교자들이 겪은 그 형언할 수 없는 고통에 대한 책임과 용서의 문제를 탈무드와 토라에 대한 레비나스의 해석과 기독교의 입장 등을 끌어들여 천착하고 있다. 용서의 문제에 대한 이와 같은 깊은 관심은 우리의 경우 광주사태에서 학살의 책임과 용서의 문제를 어떻게 종교적으로 접근할 수 있는지 하나의 전범을 보여준다 할 것이다.

주체의 죽음이 선언된 구조주의 시대에서부터 리쾨르와 함께 주체의 위기를 극복하면서 주체의 새로운 탄생을 위해 독자적인 길을 걸었던 레비나스, 그가 제안하는 '초월'은 말로의 말을 빌리면 인간의 '신적인 부분'과 맞닿아 있다. 초월은 이 철학자가 말하는 '존재론적' 인간 조건을 넘어서기 위해서 가능하다면 우리가 늘 함께해야 하는 길을 지시한다.

　　저자가 보여주는 레비나스의 또 다른 면모를 독자와 함께하고자 한다.

2008년 3월　김 웅 권

김웅권
한국외국어대학교 불어과 졸업
프랑스 몽펠리에3대학 불문학 박사
한국외국어대학교 학술연구교수역임
현재 한남대학교 사회문화대학원 문학예술학과 객원교수
학위 논문: 《앙드레 말로의 소설 세계에 있어서 의미의 탐구와 구조화》
저서: 《앙드레 말로-소설 세계와 문화의 창조적 정복》
《말로와 소설의 상징시학》《앙드레 말로의 문학 세계》
논문: 〈앙드레 말로의 《왕도》에 나타난 신비주의적 에로티시즘〉
(프랑스의 《현대문학지》 앙드레 말로 시리즈 10호),
〈앙드레 말로의 《인간 조건》에서 광인 의식〉(미국 《앙드레 말로 학술지》 27권),
〈동양: ‘정신의 다른 극점,’ A. 말로의 아시아의 3부작에 나타난
상징시학을 중심으로〉
(미국 《앙드레 말로 학술지》 34권) 외 20여 편
역서: 《천재와 광기》《니체 읽기》《상상력의 세계사》《순진함의 유혹》
《쾌락의 횡포》《영원한 황홀》《파스칼적 명상》《운디네와 지식의 불》
《진정한 모럴은 모럴을 비웃는다》《기식자》《구조주의 역사 II · III · IV》
《미학이란 무엇인가》《상상의 박물관》《그라마톨로지에 대하여》
《어떻게 더불어 살 것인가》《과학에서 생각하는 주제 100가지》
《에로티시즘을 즐기기 위한 100가지 기본 용어》《푸코와 광기》
《실천 이성》《서양의 유혹》《중세의 예술과 사회》《중립》《목소리의 結晶》
《S/Z》《타자로서 자기 자신》《밝은 방》《외쿠메네》《몽상의 시학》
《글쓰기의 영도》《재생산에 대하여》《행동의 구조》 등 40여 권

현대신서
207

엠마누엘 레비나스와의 대담

초판발행 : 2008년 3월 25일

東文選
제10-64호, 1978. 12. 16 등록
110-300 서울 종로구 관훈동 74번지
전화 : 737-2795

편집설계 : 李姃昊

ISBN 978-89-8038-628-4 94100